指向深度学习校本化落实的中学生物教学实践

宋茂卿 等 著

天津大学出版社
TIANJIN UNIVERSITY PRESS

图书在版编目（CIP）数据

指向深度学习校本化落实的中学生物教学实践 / 宋茂卿等著. -- 天津 : 天津大学出版社, 2024. 11.

ISBN 978-7-5618-7859-0

Ⅰ. G633.912

中国国家版本馆CIP数据核字第2024S7P595号

出版发行 天津大学出版社
地　　址 天津市卫津路92号天津大学内（邮编：300072）
电　　话 发行部：022-27403647
网　　址 www.tjupress.com.cn
印　　刷 北京虎彩文化传播有限公司
经　　销 全国各地新华书店
开　　本 710mm×1010mm　1/16
印　　张 9.75
字　　数 200千
版　　次 2024年11月第1版
印　　次 2024年11月第1次
定　　价 48.00元

编委会

主　编：宋茂卿

编　写：宋茂卿　姜婉冬　张　宇　李凤华　方红娟
胡　彬　翟雪莲　李　洁　马文柯　申良纯
叶钟年　王梦婷

序

我国教育领域一直致力于实现“以人为本，立德树人”的根本任务，旨在全面发展学生的核心素养。特别是在基础教育领域，如何让学生真正成为学习的主体，始终是教育改革的重要议题。然而，在实际教学中，我们常常看到“学生主体”理念的误解和片面化，如课堂变成学生的自我表演，或教师从“满堂灌”变成“满堂问”，这些误区不仅未能真正落实学生的主体地位，反而影响了学生的学习效果与成长。

在此背景下，北京市海淀区教师进修学校附属实验学校生物学教研组的全体教师，以课程教材研究所深度学习项目组提出的深度学习教学实践模型为抓手，秉持对深度学习理念的探索与实践，在这一领域开展实践探索，尝试为解决这一系列问题寻求突破口。作为一线教师，他们深知如何在有限的理论支持下，通过实际的教学尝试，逐步实现以学生为中心的教学模式，并在此过程中探索操作性的深度学习校本化实践路径。本书正是他们近年来探索与实践成果的集中展示。

本书的第一章从当前教学中的实际问题出发，探讨了深度学习与核心素养之间的关系，提出了作者团队对深度学习的理解，以及如何通过深度学习实现对学生生物学核心素养的培养。他们在深度学习的理念指导下，着眼于学生主体性的真正落实，从教学实践中总结出有助于发展学生核心素养的教学策略。

第二章阐述了深度学习的校本化实施路径。作者团队通过加强组内文化建设，提升教师研究能力，并围绕课程建设，积极补充和优化国家课程内容，为学生的素养形成服务。书中介绍了如何在具体的教学实践中，通过教师队伍的建设与学习场的营造，真正实现以人为本的教育目标。

第三章是本书的核心，聚焦于深度学习的校本化实践。作者在此部分提出了一个深度学习校本化落实模型，深度解析了如何通过该模型将深度学习的理念真正落实到日常教学中。通过单元学习主题或任务的确定、素养导向学习目标的制订、挑战性学习任务的设计，以及持续性评价的实施，生物教研组在教学实践中形成了大量的典型案例，这些案例经过反复验证与交流，获得了广泛的认可与好评。

第四章提供了初中和高中阶段的两个教学案例。这两个案例展示了深度学习在单元教学中的完整实施过程，为读者提供了详细的操作步骤和实例参考，帮助教师们在自己的课堂上有效应用深度学习理念，推动学生核心素养的落实。

本书虽然由一线教师撰写，但其意义深远，不仅仅是对深度学习理念的浅显探讨，更是基于真实课堂实践的深刻反思与创新。作者通过参与各级研究课题，逐渐总结并形成了系统的深度学习教学模型和优秀案例，为广大的教育同人提供了切实可行的教学策略和宝贵经验。本书中关于深度学习的校本化实践路径只是帮助学生实现真实学习的一个路径，一线教师还可以根据本校的实际情况开展更多的探索。

我相信，本书对于那些在教育实践中面临类似困惑的一线生物学教师来说，具有重要的借鉴意义。它不仅能帮助教师们更好地理解和实施深度学习，还能激发他们在教学中不断探索、改进的动力，为学生的全面发展提供更坚实的支持和保障。

愿本书成为广大教师的有力工具，帮助他们在教育改革的道路上不断前行，实现真正的以人为本，培养出具备核心素养的优秀学生。

北京师范大学

2024 年 8 月

目 录

第一章　对深度学习的理解

一、深度学习的缘起和发展

深度学习的研究，根植于三十多年来计算机科学、人工神经网络及人工智能领域的探索。作为基础教育的一个重要研究范畴，深度学习的热潮兴起与“核心素养”概念的提出紧密相连。

自改革开放以来，我国持续推动基础教育研究，力求把课堂的主导权交还给学生，使学生真正成为课堂教学的核心。然而，在实际操作中，不同教师对如何落实学生主体地位的理解和实施方式存在显著差异，导致课堂教学中出现了诸多误区。例如，有教师认为学生作为课堂主体，就意味着教师应尽可能少讲话，于是从原本的滔滔不绝转变为任由学生自我表现，仅在学生提问时给予指导。这样的教学方式虽然课堂气氛热闹，但学生往往感到迷茫，这并非真正尊重学生主体地位，而是对学生的一种不负责任。又如，为了体现学生主体，教师从满堂灌输转变为频繁提问，但问题设计往往缺乏层次性和逻辑性，思维深度不足，且多涉及与教学核心内容关系不大的琐碎问题。学生在这样的讨论中看似积极，实则没有足够的时间和精力深入探讨学科本质，难以获得实质性的成长。这些仅停留在观念层面或流于形式的学生主体做法，并未触及教育改革的本质，更无法有效培养学生的核心素养。

深度学习在遵循教育规律的基础上，积极应对了这一时代挑战。它追求课堂教学目标的多元化，强调学生学习过程的投入性，致力于将静态的知识转化为观察、思考、实践、合作、讨论、表达等多种形式的学生活动。通过课堂学习，学生不仅能够构建良好的知识结构，还能培养批判、质疑、创造等高阶能力。同时，课堂学习深入触及学生的内心世界，使学生真正成为课堂学习的主体，实现有意义的学习。因此，深度学习是推动我国课程改革深入发展的有力工具。此外，深度学习理论具有多维度属性，分别指向学生认知方式的转变、心理学领域高级思维的锻炼以及社会属性中人的全面发展，与中学生发展核心素养的要求高度契合，是培养学生关键能力和必备品格的有效途径。

深度学习鼓励学生能动地参与教学，为理解基本知识而采用的学习方式，它是一种基于理解、追求迁移应用的有意义学习。通过促使学生深度参与学习，灵活采用高级学习策略，深度学习促进了高阶知能的发展，并实现了这些知能在全新情境中的应用或新高阶知能的生成。深度学习所体现的主体性、对话性、协同性等特点，正是应试教育课堂所缺乏的。深度学习的提出，是对当前时代挑战的积极回应。在深度学习的理念下，课堂应致力于达成学生良好的学习状态，以学习为动力轴心，将教学活动融入学生的学习逻辑之中，实现教与学的深度融合，这是深度学习的最终目标。深度学习与浅表学习的对比详见表 1-1。

表 1-1　深度学习和浅层学习对比

	深度学习	浅层学习
学习目的	1. 深度理解 2. 灵活应用 3. 评价创造	1. 记忆 2. 理解 3. 简单应用
学习方式	1. 主动有意义学习、理解性学习、批判性学习 2. 较高的认知、行为、情感投入 3. 组建新旧知识、概念间连接 4. 寻求知识背后的原理和模型	1. 被动机械学习、记忆事实概念、接受性学习 2. 低认知、行为、情感投入 3. 孤立和无关联的存储知识 4. 不求甚解，肤浅理解
学习过程	1. 多视角理解内容，强调整体和系统 2. 将学习内容和现实生活联系起来，内部动机、主动参与、多维投入	1. 局部的、零散的片面理解 2. 学习内容是为了应付考试，外部动机、被动参与、学习不投入、指向短时记忆
学习结果	1. 指向长时记忆重要理解，旨在迁移高阶能力	1. 重在识记，旨在通过考试低阶认知

二、深度学习的概念界定

现今，尽管不同国家和学者对深度学习的研究和定义仍存差异，但基于我国国情、学校教育的目标及学生发展的实际需求，我们更倾向于采纳郭华教授对深度学习的界定。即，深度学习是指在学校教育中，学生在教师的引导下，围绕学科核心素养，针对处于学生最近发展区且富有挑战性的学习主题，通过全身心的参与和成功体验，从而获得有意义的发展的学习过程。在这一过程中，学生通过“亲历”学习，理解和结构化学科知识，掌握学科研究的思想和方法。同时，这也有助于培养学生的批判性、反思性和质疑精神，进而促进学生高阶思维能力的提升。此外，基于社会实际问题的解决，学生的社会性情感得到发展，形成积极的生活态度和正确的价值观，从而成长为具有批判性、创造性、合作精神和责任意识的优秀学习者，成为未来社会的杰出建设者。

深度学习的提出，并非旨在颠覆我们原有的教学方式，而是引导教师更深入地研究教育规律和学生发展规律，回归教育的本质，真正帮助学生实现更有效的学习和成长。因此，我们需要全面而准确地理解深度学习的内涵，并从教师的作用、挑战性任务的设置、学生的参与情况以及深度学习结果的评价 4 个方面进行系统的解读。

第一，深度学习强调学生学习的主动性，但并不能忽视教师在教学中的重要作用。学生的深度学习并不等同于自学，如果课堂上缺乏教师精心设计的教学活动，无法将抽象、符号化的知识转化为学生可以生动探究的活动，那么学生的自主学习就会变得盲目、随意和浅显，甚至可能出现科学性的错误。同时，如果没有教师的引导和推动，学生的自主学习过程可能会流于形式、表面化，思维变得浅表化，甚至偏离课堂教学的节奏。此外，如果课堂学习缺乏教师适时的点拨和提升，学生的自主学习结果可能仅停留在对素材的简单加工上，难以实现学生经验和社会知识的相互转化，更难以触动学生更高、更深的情感体验和社会认同，深度学习也就难以进行。

第二，深度学习的任务应该富有挑战性且承载着人类已有认识成果。所谓挑战性的任务，是指符合学生实际认知水平，处于学生最近发展区，并需要学生进行深入加工和高阶能力才能完成的任务。深度学习的内容应该指向学科基本结构的核心概念和原理，而非那些事实性、技术性的机械知识和技能本身，因为这些内容不需要高阶思维能力的介入，也不需要学生进行深度的认知加工，因此缺乏挑战性。因此，教师在进行教学设计时，学习内容的确定应基于对学科核心素养的理解和课程标准的深入解读，应贯穿整个单元，是横纵向连接在一起的核心主干知识。同时，教师需要完成两个关键性的转化：一是将外在的教学要求转化为学生内在的学习需求，从而激发学生的学习动力。因此，教师在素材选择上要贴近学生生活，才能触发学生的有意注意和情感体验；二是将核心、主干知识转化为融入真实情景中的具体、可操作的学习任务，从而促进学生全身心投入深度学习中。

需要强调的是，设计挑战性的任务并不等于课堂教学一味地追求“深”和“难”。教师如果过度追求教学的深度和难度，不仅会偏离教学的重点和核心，影响学生对单元核心知识的深入理解，而且超过学生认知水平的学习任务也会使学生产生畏难情绪，影响学生的学习自信心，使学生难以获得主动性的发展。同时，深度学习虽然常被与浅表学习进行比较，但不能据此认定两者是相互对立和孤立的。深度学习中知识的结构化和高阶能力的培养仍然是以浅表学习中的识记和低阶能力为基础的。失去这一基础，高阶能力的培养就会变成无源之水、空中楼阁。此外，教师对挑战性任务深度和难度的过度追求也反映出教师过度关注知识目标的达成，而忽视知识学习过程中所承载的学科思想和方法以及学生的情感体验目标的达成，这将使学生核心素养的培养目标难以实现。

第三，深度学习强调学生的全身心投入学习过程，并在此过程中体会成功，获得真正的发展。学生是深度学习的主体，那么如何界定在深度学习中，这个主体是否全身心投入学习呢？对于学生参与的课堂学习活动，我们强调以下 3 点，一是学生必须主动参与，运用已有经验进行有意义的探究性学习活动；二是学习活动应聚焦于学科思想和方法，立足于学科本质；三是学生活动应能触及学生的心灵和情感体验，赋予学生面对社会的责任感和使命感，这也是落实立德树人根本任务的关键所在。因此，衡量学生课堂上是否发生了深度学习，至少要看以下3点，一是学生是否有主动性思维参与课堂学习，二是学生是否能自主构建知识体系，三是学生是否有探究性、实践性等学习活动的发生。只有当学生同时具备以上3点时，深度学习才有可能真正发生。

第四，深度学习的结果指向社会中人的全面发展，它也是培养学生核心素养的基本途径。基于培养人的这一根本目标，深度学习作为培养学生多样化而非单一素养的学习方式，其带来的结果也必然是丰富而多元的。评价深度学习的结果，一般要从学生知识的结构化程度、实践能力的发展状况以及学生复杂情感的体验情况3个方面进行。经过深度学习，学生应该获得的是系统的、有关联的知识结构体系，而非孤立的、碎片化的知识；是承载着学科分析与综合、分类与比较、归纳与演绎等思维方法的知识，而非客观而冰冷的事实和概念性知识。学生在课堂上通过自主探究、实践操作、合作交流等方式，掌握科学研究和实践操作的一般方法，并在真实情境中运用或迁移相应的知识、恰当的技能去解决实际问题，这本质上都是对学生实践能力进行培养的过程。此外，深度学习的结果还应该关注学生对生命意义的追寻、价值观念的引导以及学生情感的丰富体验，真正关切学生的精神世界和生命成长。通过课堂的深度学习，学生应能认识自己，了解他人和社会，理解生命的意义，进而形成正确的世界观、人生观和价值观。

三、深度学习的基本特征

课堂教学的发生，离不开学生、教师、知识、情境这4个基本要素，而深度学习的课堂也正是建立在这4个要素的基础之上。深度学习，特别是在课堂环境中的深度学习，其核心在于充分发挥学生的主体性和主动性。但更为重要的是，在日常教学中要妥善处理各要素之间的关系，从而促进学生更好地进行深度学习，实现有意义的学习过程。郭华教授在深度学习的理论与实践研究中，提炼出了深度学习的 5 个特征，以帮助教师更好地在课堂教学中实现深度学习。

（一）实现个人经验与社会知识间的相互转化

经验是人类通过感官从外界获取的信息，是知识的来源；而知识则是人类经验的凝练和固化，因此二者紧密相连。深度学习过程强调通过“联想与结构”这一活动，将个人经验和社会知识进行关联和转化。那么，联想和结构具体指的是什么呢？任何学生在进入课堂学习时，都不是一张白纸，而是带着个人经验进入课堂的。这些经验可能是学生的日常经验，也可能是以前学习的知识内化后形成的经验。学生的个人经验一定会对新知识的学习产生影响，这个影响既可能帮助学生完成新知识的学习，也可能干扰学生对新知识的理解。因此，在深度学习过程中，要求教师能够准确找到知识和经验的契合点，在课堂上唤醒、激活和改造学生的个人经验，这一过程就是联想。而后，教师要将这种经验与新的知识进行进一步的连接、整合并结构化，使其转化成学生新的个人经验，这一过程就是结构。通过联想与结构，新知识得以转化为学生的经验，并在新知识的学习过程中进行新的关联和转化。深度学习倡导的联想与结构，将学生个人经验与社会知识相互关联、相互滋养，成为学生自主发展的养分。

（二）让学生成为课堂教学的真正主体

让学生成为课堂教学的真正主体，是深度学习研究的重要目的之一。那么，在深度学习过程中，如何具体操作才能让学生成为课堂教学的主体呢？深度学习理论提出了“两次倒转”的学习机制。相对于人类最初发现知识的过程，现在知识学习的过程实际上是一个倒过来的过程。也就是说，学生不再经历从事实、现象出发，通过不断质疑、反复实践、总结提炼这一螺旋上升的知识形成过程，而是把知识或已有研究成果直接作为学习对象和学习内容展开学习。这样看似可以加快人类的学习速度，让更多的人类文明成果不断积淀和传承，但这样的学习过程也违背了人的基本认知规律。在不了解知识建立的原因、背景、过程、方式方法等前提下，知识的学习过程变成了灌输，知识的理解和构建变成了机械式的重复和记忆，学生思维水平的提升和情感触动也会大打折扣，从而使学习过程偏离育人这一核心目标，立德树人更是变成一句空话。因此，深度学习强调将倒过来的学习再倒过去。即通过教师的启发、引导，让学生通过观察、思考、实践、探究等方式，在“亲历”知识的形成和发展过程中，主动联系和建构知识，成为课堂学习的真正主体。在主动探求过程中发展自己的素养，担起人类社会发展的历史重任，真正成为人类优秀历史文化的传承者和发展者。

（三）引导学生通过深度加工把握知识本质

深度学习通过设计学生活动，引导学生在“亲历”知识发现的过程中，通过把握知识的来龙去脉而实现真正有意义的学习。为了更好地唤醒学生的经验，激发学生探究的热情，教师往往在学生活动设计中采用“一镜到底”的单元问题情境，同时提供给学生大量事实性的信息或材料。但这些信息或材料本身并不是学生需要掌握的对象，其目的是为了支撑学生对那些原理性知识本质的理解和把握。因此，深度学习要引导学生借力于这些事实性、碎片化的信息，但又不限于这些信息中。从而由表及里、由浅入深地对人类真正的优秀文明成果做深度的剖析和内化。要从事实中来，提炼出“一”，又到事实中去，进行举一反三。这里的“一”就是知识的本质，是学科最核心的概念和原理；“三”则是能运用和深加工知识的多种角度的变式情境。这样反复的实践过程是实现知识本质内化成经验的有效手段，这也是深度学习中特别重视的一个部分。

（四）在教学中设计模拟社会实践的学生活动

在教学中，教师为了检验学生是否掌握所学内容以及掌握的程度，经常会为学生提供新的情境素材，让学生在解决新问题的过程中迁移和应用所学知识，从而检验和巩固所学内容。深度学习同样强调知识的迁移和应用过程，但其范围更加宽广，延伸至周围社会生产和生活的方方面面。由于深度学习更加注重情境素材的选择和使用对学生未来社会适应能力的影响，而学校教育的目的之一是培育适应未来社会的建设者和接班人，因此，学校作为学生步入社会的小型演练场，模拟和演练工作也需要在日常的课堂学习中完成。深度学习强调，在进行单元教学设计时，教学情境的选择应尽可能模拟社会实践中的真实问题情境，引导学生在解决生活实际问题的过程中不仅收获知识，还要提升社会生存技能，并逐渐养成积极乐观、健康向上的生活态度等，让真实情境的使用发挥出更具生命意义的价值，指向人的终身发展，实现育人价值。

（五）引导学生自己对知识的形成过程进行价值评价

依据教学目标，运用一定的方法或技术手段对教学过程和结果进行测量，并给予价值评估，可以起到诊断教学、激励学生等作用。深度学习更强调学生自己对课堂学习过程进行评价。学生不仅要评价知识本身的掌握情况，还要对知识本身的价值进行判断，同时对知识的形成过程、研究方法、渗透的学科思想等进行价值评估。例如，在高中生物教学中关于免疫部分的学习时，可以引导学生思考：既然我们每个人都有免疫系统，可以对细菌、病毒进行自然免疫，那我们为什么还要接种疫苗？这就是一个价值判断的评估问题。通过这样的问题，学生不仅要对免疫调节过程、作用的理解情境进行评价，还要判断免疫调节与人类健康、与自然世界的关系，进而引导学生形成健康文明的生活方式。评价是深度学习过程中非常重要的部分，而价值评价更是培养学生独立性、批判性和创造性的重要途径，是学生形成正确的世界观、人生观和价值观的有力推手。这也是深度学习直击学生心灵、触及学生精神世界的“深度”所在。

因此，深度学习是学生在元认知的基础上，通过加工实践、不断探究，像“科学家一样思考”，进行知识建构、问题解决和反思改进，从而实现概念的改变和知识的迁移，提高学生素养的学习过程。

四、深度学习的优势

目前，“自主探究、小组合作”已成为课堂上广泛采用的教学方式。然而，深入教学一线后，你可能会发现，“伪探究”和“伪合作”的现象在课堂上时有发生。许多学生的学习表现为肤浅和表演性质，而教师往往仍然扮演着纯粹知识搬运工的角色，似乎并未发生实质性改变。事实上，深度学习正是改变这一现象的根本途径，但它对教师的能力提出了更高的要求。要实践好深度学习，教师必须深刻理解其内涵，并充分挖掘和发挥其优势。

研究者发现，学习者对学习任务有不同层次的理解和感知，从而产生不同的学习结果。同时，学习过程也呈现出浅层和深层的显著差异。

深度学习是相对于浅层学习的一种学习方式，其最显著的优势在于通过教师精心的设计，将学习者置身于真实、复杂且具挑战性的学习情境中。这种方式能够充分调动学生的好奇心和主动性，通过个人、小组、集体等多种方式，使学生自主加工和应用原有知识信息，消化新的核心概念，并将其有效地迁移到新的情境中。深度学习从解决生物科学问题出发，有助于培养批判性思维、创新能力和团队协作精神。具体来说，其优势体现在以下 4 个方面。

（一）深度学习能更好地保护学生的好奇心

好奇心是孩子天性中最重要的一部分。爱因斯坦曾说：“思维世界的发展，在某种意义上说就是对好奇心的不断满足。”许多著名的科学家，如爱迪生、爱因斯坦、达尔文等，从小就有强烈的好奇心和求知欲。正是这种好奇心和求知欲驱使他们克服了重重困难，进行不懈的追求，最终攻克了一个又一个的科学难关。在课堂教学过程中，学生只有带着强烈的好奇心和求知欲，积极愉快地参与教学活动，主动学习，才能真正实现深度理解。

因此，教师的重要职责是将学生好奇的问题进行分析、归类和延伸，并按照孩子的生长发育规律，引导学生开展深入的学习和探究，以培养具有竞争力的创新性人才。结合校本教学实际，可以尝试以下措施来呵护孩子的好奇心。

1. 鼓励学生“奇思妙想”

深度学习倡导学生在解决复杂的真实问题情境中实现对知识的理解与构建。面对真实、复杂且具挑战性的学习情境，学生会生成各种“奇思妙想”。因此，有趣的单元学习情境能有效地激发学生的“奇思妙想”。例如，在讲授人教版八年级上册第五单元《生物圈中的其他生物》第四章的教学内容《细菌和真菌》时，可以给学生创设《发酵桶里发生了什么——细菌和真菌的作用》的单元问题情境。在这个真实问题解决任务的驱动下，学生提出问题，教师引导探究。教师应积极回应学生的提问，鼓励学生善于发现问题、科学地提出问题，让学生更积极主动地去观察、思考、发现，从而保护他们的好奇心。同时，教师应时常保持换位思考，对万事万物充满热情，以探索的姿态做学生思考的陪伴者和领路人。

2. 多元化的交流方式

经验证明，当老师用指令式的语气和学生交流，给学生提出各种要求时，学生反而容易变得逆反。因此，应多用启发式的提问代替命令和说教，引导学生主动思考并自愿参与解决问题，从而大大提高孩子独立思考和解决问题的能力。教师还可以在课前预设一些有吸引力的话题情境和多元化的问题情境来增强交流。这样有利于将学生引入到质疑、探疑、析疑、解疑的过程中，让学生体会到学习科学的乐趣，将起初的好奇心保持下去，并找回自信，体验成功的喜悦。例如，在《发酵桶里发生了什么——细菌和真菌的作用》的教学中，可以引导学生思考如何在阳台上种植花卉，并在问题的引导下进行《家庭花卉扦插种植盒》的设计与制作。学生从种植盒的材料准备、图纸构想、动手制作一直到作品评价等方面提出各种问题。教师没有提出具体的要求，而是引导学生从生活中发现问题，再用学到的知识和技能解决问题，从而激发和培养学生的创新精神和实践能力。

3. 给学生留出“放空”的时间

真实的学习任务驱动，任务复杂多样，通常需要同学们以小组合作的形式，制定小组综合实践学习任务完成的初步计划，确定分工与合作的具体内容，形成完备的方案，之后进入综合实践活动的调查、实验探究、设计制作等实践过程。

在此过程中会不断出现问题，需要在小组内反复讨论、修正方案，最终形成学习成果。因此，需要给学生学习任务的完成提供充足的时间。

这样学生才能有时间和空间充分发挥自己的想象力和能动性，将课堂学习延续到课外，与同伴进行充分的交流讨论，学生才会有机会通过自己的努力满足自己的好奇心。这样，学习才能真正发生。

（二）深度学习能优化知识框架的构建

生物学教学应以生物学科的基本概念、原理和规律为核心内容，适当拓展相关知识，同时兼顾与其他学科的横向衔接。然而，在目前的课堂中，教师“满堂问”的情况屡见不鲜。老师成串的连问、琐碎的提问和随意的追问，不仅占用了学生大量独立思考的时间，更限制了他们思维能力的发展。过于零碎的知识传授更会阻碍学生对知识的深度理解。深度学习侧重信息整合和意义建构，它要求学生对碎片化的信息进行筛选和梳理，通过分类、归纳、整合与学习主题相关的零散知识点，构建概念模型，以有效训练并优化学生的知识框架构建能力。

1. 深度学习活动设计

深度学习活动设计应考虑以下3方面内容。（1）具备更高的站位，设计“牵一发而动全身”的深度问题，使碎片化的课堂变得“系统化”和“整体化”。（2）更多地呈现学生的思考过程，让学生的思维通过行为得以外显；华东师范大学刘濯源主任提出了“思维可视化”的概念，它是指“把本来不可视的思考路径、结构和策略以图示或图示组合的方式呈现出来”。（3）更多地呈现学生对学习内容理解的障碍点。我国学者郭华提出，深度学习不是一般的学习者的自学，而是教学过程中的学生学习，必须有教师的引导和帮助。以人教版选修课程《基因工程》的复习课为例，教师精心设计“如何利用转基因技术制备人干扰素”这一核心问题，将科学探究、模型建构、实验设计有机地结合起来，从而促使学生进行深度思考和学习，提升核心素养，如图1-1所示。

> **任务一：设计大肠杆菌作为受体细胞获取干扰素的工程方案，以具体流程图或示意图的形式呈现**
>
> 【主要材料及用具】从人体白细胞中获取的人干扰素基因的 DNA 片段（见图 1）、多种限制酶、逆转录酶、Taq 酶、DNA 连接酶、质粒（见图 2）、大肠杆菌、特异性引物 I-IV、缓冲液、PCR 仪、琼脂糖凝胶电泳装置、X-gal、$CaCl_2$ 溶液、氨苄青霉素、发酵装置、细胞培养箱、冠状病毒、人体肺部细胞、阳性对照药物磷酸奥司他韦（治疗病毒感染）、放射性标记的特异性基因探针等。
>
> **要求：1. 从给定的材料及用具中进行选择，也可以自行添加材料或用具；**
>
> **2. 4 人一组记录讨论结果；**
>
> **3. 时间 15—20 分钟。**

图 1-1　如何利用转基因技术制备人干扰素

2. 传统教学方法与深度学习教学方法比较

（1）传统教学方法。教师先复习基因工程的基础理论框架，然后在学生小组内独立讨论出相关细节，并设计应用。结果，在老师思维的影响下，学生无法将零散的知识细节构建成有机的整体，学生的思维障碍点被隐藏，问题既没有得到解决也没有消失。当面对新的复杂情景需要独立思考时，这些未解决的障碍会使学生无法独立解决下一步的问题。

（2）思维可视化教学。思维可视化教学是深度学习教学方法之一。老师只是布置任务，由学生小组独立制作模型并演示基因工程的全过程。没有老师思维的主导和限制，学生独立思考，从而呈现出更加真实的思考过程。每组学生在制作模型和动态演示的过程中都暴露了思维障碍点，之后通过观察、纠错来解决问题，自主完成了学习。

由此可以看出，比起以往的教学，本单元充分体现出通过“思维可视”进行深度学习的优势，一是思维可视的教学策略，能够呈现学生的真实学习过程；二是思维可视的教学策略，能够有效呈现学生学习过程中的思维障碍点。

教师除了帮助学生深化知识网络，实现思维可视之外，还可以借助实验新技术来让学生进行深度学习。实验教学是高中生物教学的重要方式，也为学生提供了参与教学实践的空间。教师要充分利用生物实验教学的便利条件，探索学生深度学习的学习策略。因此，不仅课程标准设计的实验应尽数完成，还要对学生普及一些比较前沿的生物科技，比如 SSR 分子遗传标记、酵母双杂交、免疫共沉淀等。这些技术虽然在中学很难实际操作，但对于学生深化概念理解、解决实际问题、优化知识框架很有帮助，也会大大增强学生对学习生物的兴趣。因此，教师应将理论知识与实践相结合进行教学，让学生在实践中主动扩展学习内容，从而促进教学质量与效率的提升。

（三）深度学习是加快思维能力进阶的催化剂

深度学习是一种强调批判性思维，培养学习者将事实、规则、概念和思想加以运用，以进行分析、评价和创造的高阶思维能力的学习方式。更重要的是，深度学习还能促进思维能力的进阶。这种能力进阶的核心在于能从一种情境应用转换到另一种新的情境，它包括批判性思维、创新和团队协作 3 个维度核心能力的提升。要实现上述能力的进阶，就需要改变传统教学模式，以单元教学和大问题为引领，让学生主动成为课堂教学的主体。

1. 批判性思维的发展

批判性思维是科学思维的重要内涵，也是生物学科科学史教育的关键内容，它体现了大量生物教育学家们观点的碰撞。在深度教学过程中，教师需要审慎地思考学生的问题，引导学生批判性地看待不同观点的合理性与不足之处，从而使学生正确认识绝对真理和相对真理的关系，在真实案例中提高批判性思维能力。另外，在深度学习的课堂上，学生也难免会遭遇新知识与原有认知结构产生矛盾的情况，这时也需要教师引导学生认真寻找证据，冷静理性分析，延伸和发散思维链，使知识不断得到升华，不断完善原有的认知结构，从而进一步推动批判性思维向更深层次发展。

2. 创新能力的提升

提升学生的创新能力是一项系统工程，需要对课程、教材、教法和教学手段进行改革。其核心是要重视聚合思维和发散性思维的培养。聚合思维是一种有条理、有范围的收敛性思维，它代表了已有的知识铺垫和凝聚，可以说是创新和变革的条件和基础。而发散性思维则强调对未知信息的假设和想象，更大程度上预示了新信息的形成，所以发散性思维正是创新思维的基础。因此，对于教材中某些重要概念和过程的阐释、新问题的解决方案等，教师除了做好基础铺垫外，还务必要创设与学生的学习经验和生活体验相贴近的情境，同时还要引导学生根据新情境中提供的相关信息，把握关键要素，构建起与其他事物之间的联系。学生通过深入分析，联系自身的认知结构，去建构当前问题的内核，找到解决问题的新方法和新策略，最终在新情境中举一反三，实现创新能力的提升。

3. 团队协作能力的形成

在平日的课堂教学中，当老师提出问题需要小组讨论时，总会发现有的同学有很高的学习热情，主动提出问题，设计方案。但一旦与同学出现意见不一致时，就赌气发火，甚至出现消极怠工的情况；还有的孩子则冷眼旁观，坐享同伴的成果，对探究过程漠不关心。那如何在深度学习过程中提升团结合作的能力呢？

（1）合理设置小组。学生小组中如果出现“一言堂”或者消极怠工，大概率是分组方案出现问题。太强势的学生会严重抑制其他人的积极性，所以老师应该将性格和能力相近的同学尽量分在一组，然后再搭配几位能力稍弱的同学，并进行适时引导，这样就利于团结协作能力的形成。

（2）任务明确细化。教师应该明确每一个小组的任务，并通过组长将任务分解到个人。任务越细小越好，而且要有难易梯度，利于能力不同的学生进行选择，确保每一个同学都能参与其中，消除因缺乏自信而产生的思想负担。

（3）针对团队进行评价。深度学习是以学生为主体的学习方式，评价也是这样。教师可以在评价体系中设置小组自评、互评等环节，切实让学生的主体性得以体现。另外，还可以在评价体系中增加“团队合作”的考察项，通过给予一定压力，促进一部分怠工的同学主动参与，也可以使那些“信马由缰”的同学实现自我管理和约束。

（四）深度学习是提升教师自身专业发展的原动力

“教师专业发展”的核心是专业，目标要求是发展。“专业”应该涵盖教育和科学两大层面。不论是哪一类的“专业”，其基本特质都是“发展”，没有发展，就不可能有真正的专业。“发展”的道路虽千万条，但归根结底就是不断地进行深度学习。如果教师深度学习的目的仅仅局限于“教育好学生”，那么很有可能导致课堂效果的狭隘化、肤浅化。如果教师更热衷于模仿教育技巧、累积教育资源，却忽视了自身深度思考能力的发展，就会很快被社会淘汰。只有思考才能引发学习，只有勤奋才能启迪智慧，只有“厚积”的教师，才能教出“薄发”的学生。

这种自身深度学习能力的提升不仅仅体现在课堂上，而应该贯穿于教学工作的整个过程。通过“课前备问题—课上探规律—课后深应用”，教师也可以实践深度学习的过程。以本校二轮复习课程“生命系统的信息传递”为例，来说明该流程，如表 1-2 所示。

表 1-2 课程“生命系统的信息传递”流程表

	课前备问题	课上探规律	课后深应用
具体经验	以往的教学经验：忽视信息传递部分的教学，一带而过	课堂的反馈：对有关性外激素作用机理的文献产生兴趣	师生评价：复习面广而不散，条理清晰，培养了学生科学探究、科学思维的生物学素养
观察分析	课程标准和大纲：信息传递广泛存在于生物分子、细胞、个体等多个层次	学生的反应：运用所学知识，解决真实问题	学生的作业与问题：学生对生命系统不同层次的具体应用还存在困惑
抽象的重新概括	教学设计与多媒体：农业通过性外激素的作用机理，多层次消灭害虫的方法	核心概念的提取、总结：信息传递出现在分子、细胞、个体等生命系统的不同层次	理性化的教学经验与提炼：对生命系统层次间实践的深层理解与实践

续表

	课前备问题	课上探规律	课后深应用
积极的验证	课前调查：学生对以往知识的掌握情况	随机应变、举一反三：单克隆抗体抑制激素受体、人工激素破坏性别比例等途径消灭害虫	总结与评价：通过习题练习以及学生反馈进一步记录教学得失

由此可见，深度学习不仅是一种批判性的思考，更是教师以自己的教学过程为对象，进行审视和分析地再学习过程。在此过程中，教师充分了解学生的学习状态和心理状态，找准课堂教学的切入点，设计能够激发学生探究欲望的学习任务，从而充分发挥自身优势，帮助学生减轻机械记忆负担，促进知识的迁移应用，并最终提升学生的高阶思维能力。

五、深度学习与核心素养落实间的关系

2014 年 3 月印发的《教育部关于全面深化课程改革落实立德树人根本任务的意见》中，首次提出各学段需要发展学生核心素养。中国学生发展核心素养以培养“全面发展的人”为核心，分为文化基础、自主发展、社会参与 3 个方面，综合表现为人文底蕴、科学精神、学会学习、健康生活、责任担当、实践创新 6 大素养，具体细化为国家认同等 18 个基本要点。各素养之间相互联系、互相补充、相互促进，在不同情境中整体发挥作用。以此作为桥梁，可以将党的教育方针具体细致地转化为教育教学实践中可用的、教育工作者易于理解的具体要求，引领课程改革和育人模式的变革。

核心素养的提出和实施，对于教育教学而言是一个巨大的挑战。教师需要进一步更新教学观念，关注的焦点从之前的知识、能力、情感、态度、价值观转向素养的发展。这一方面为指导、引领、辐射学科课程教学，彰显学科教学的育人价值奠定基础，使之自觉为学生的终身发展服务，使“教学”升华为“教育”；另一方面，核心素养的达成也依赖于各个学科独特的育人功能的发挥、学科本质的挖掘。只有通过丰富有效的学科教学课程，才能顺利实现核心素养的培养。核

心素养将是学生后天习得且终身受益的成果，是其在真实情境中解决问题所表现出来的必备品格和关键能力。

深度学习以学习者能够理解学习为基础，批判性地学习新的事实与思想，并将二者融入原有的认知结构中。它要求将多种思想相联系，做到将已有的知识迁移至新的情境中解决实际问题或做出决策，学习并理解新的知识。杨玉琴、倪娟在《深度学习：指向核心素养的教学变革》一文中提出“核心素养是开展深度学习的最终旨归与价值体现”，意指核心素养与深度学习的理念不谋而合，是学生能够达成知识迁移能力，将知识结构化呈现的体现。

其实，在深度学习的各种界定中，很早就有“素养说”的阐述。这正是从深度学习发生后应具备怎样的能力素养角度进行的阐述，也是目前最受学界认可的定义方式。即深度学习是学生为敏锐理解学科内容，并将知识用于解决课堂和工作中的问题而必须掌握的一系列素养。在近年我国基础教育改革明确提出“整合利用各种资源，统筹协调各方力量，实现全科育人、全程育人、全员育人”的要求背景下，我国教育研究者更是对深度学习进行了再认识，重新形成了本土化的素养界定。李晓雅在《深度学习研究：国内学术史的回顾与反思》一文中指出：“深度学习被视为落实立德树人、提高学生核心素养的关键因素。”培养学生核心素养是深度学习的根本追求，深度学习的方式是一种贴合真实情境进行互动并解决问题、创生意义的活动和过程。在这样的学习过程设计中，应以学习科学的基本原理为依据，切实解决培养核心素养应该“学什么”和“怎样学”的问题，使其从抽象的概念走向具体的行动。

深入认识深度学习理论，无论是强调知识的理解和处理，还是达成学生个体经验与人类社会历史实践的关联，从学生的认知、个人和人际这三个维度的核心关键能力进行培养，多方研究均可归纳于深度学习对学习本质的关注。人们认可深度学习“面向真实的、富有个性的、强化深度体验”的基本特征。同时，学生对概念更深层次的理解，也可以促进其道德认知水平的发展，从而支撑起素养的提升。

基于几年的各方研究，康淑敏在《基于学科素养培育的深度学习研究》一文中提出了“学科素养的培育在很大程度上需要通过深度学习来实现”的结论。深度学习也逐步成为我国基础教育改革深化的必然选择，是能够真正落实学生核心素养培育的方式之一。

就生物学科而言，生物学是一门研究生命现象和生命活动规律的科学。该学科的核心素养包括生命观念、科学思维、科学探究和社会责任。其中，生命观念是生物学核心素养的基础和支柱，其形成过程中离不开科学思维和科学探究；科学思维和科学探究互为倚重，科学思维是科学探究的重要内涵，科学探究则是科学思维的实证过程；在形成生命观念、科学思维和科学探究的过程中，最终会养成一定的社会责任意识和义务。义务教育阶段的生物学课程是自然科学领域的学科课程，它展示生物科学的基本内容，反映自然科学的本质。因此，教学既要让学生理解基础的生物学知识，又要让学生领悟生物学家在研究过程中所持有的观点以及解决问题的思路和方法，以提高学生的生物学科学素养，促进核心素养的整体发展。通常情况下，以往的初中生物学教学都是围绕课堂展开，根据课本内容进行课前准备。这对于完成教学知识目标非常重要，但对于学生生物学核心素养的培养却有所欠缺。而且，长期的知识灌输可能会给学生带来负面情绪，使他们消极对待学习任务。因此，如何将生物学科的核心素养发展与深度学习相结合，是近年来多数生物学教师重要的探索内容。

进行深度学习时，应紧紧围绕素养导向的学习目标，设置贴近生活、真实、适宜且具有引领性的学习主题。特别是在“深度学习活动”要素中，要融入和强化对学生生物学学科核心素养的培养，给出具有挑战性的任务，并需要做到持之以恒。在此过程中，应以深度学习的持续性评价对学生核心素养的提升情况进行评估，使教学过程不再是单向性的，而是基于学科核心素养的综合考量。依此展开的深度学习可以进一步彰显学生的主体地位，使他们在主动参与的过程中将自身优势最大化。同时，也充分发挥教师的主导作用，对学生学习的程度做出准确刻画，从而解决过去基于课程标准的教学评价不易操作的问题，真实地实现学生核心素养的提升。

老师们围绕深度学习单元设计的四个要素——单元学习主题、素养导向的学习目标、深度学习活动、持续性评价——展开了扎实的研究与实践。例如，初中教研组会在每学年确定一个要素作为年度的研究主题，并围绕该研究主题在每个学期以一个单元的教学设计为案例，全组教师集体备课、授课、评课，力求能够更为深入地理解相关教学模式的理念，并获得相应的突破。几年来，先后针对《种子的萌发》《人体的呼吸》《细菌和真菌》《生物的生殖与发育》《生物的遗传和变异》以及《健康地生活》等多个单元开展了不同角度甚至多轮次的设计与研究。由此形成了具有组内特色的校本化深度学习模型，从实践中对不同要素建立理解，并将其应用于实际的教学过程。

第二章　深度学习的校本化实施路径

深度学习理念的落地与深度学习优势的发挥，均依赖于具体课堂教学的实践，依赖于学科教师和学校学生的共同努力。深度学习唯有走向校本化，才能更好地促进教育实现因材施教，推动人的全面发展，为社会培育多种多样的人才，从而真正实现教育服务社会和国家发展的目标。

什么是“校本化（school-based）”？从英文字面来理解，校本课程是“以学校为本”“以学校为基础”。华东师范大学教育学博士郑金洲在《走向校本》中这样解释：所谓校本化，一是为了学校，二是在学校中，三是基于学校。为了学校，意味着任何研究和改革尝试都应基于学校所面临的真实问题和真正发展需求，即能真正解决学校教育教学中的具体、实际问题，通过研究和实践能真正推动学校教育的发展。在学校中，则指学校自身的问题应由学校中的人来解决，即研究方案和实践措施需经过学校的校长、教师共同探讨、制定、实施和评价。基于学校，则表明教学研究和实践应依据学校的具体条件和师生特点来制定，确保研究方案能在学校中有效开展。

如何实现深度学习的校本化？刘建平校长在《深度学习校本化的实践探索》一文中指出：深度学习校本化的实施应以建设深度课堂为中心，并辅以四条路径：提升教师的设计能力；改善学生的学习方式；加强技术与教育的融合；推进管理文化的生成。从教、学、环境三方面推进校本化的实施，这一做法值得我们借鉴。

结合我校教师与学情的实际情况，我们从以下 3 个方面实现深度学习的校本化。

一、以教研组为单位提升教师单元教学设计能力

深度学习的提出旨在实现立德树人的根本目的，培养和发展学生的核心素养，以促进学生的全面发展为根本目标，这也是全体教师的使命与奋斗目标。因此，可以说“深度学习”的落地是一个系统工程。在学校教师教学水平参差不齐的情况下，为保证“深度学习”的校本化推进和核心素养的落地，以教研组为单位，通过教师学习共同体来推进“深度学习”显得尤为重要。组建一个团队并形成一种有效的研修方式，对核心素养的落地至关重要。

（一）信任、合作、研究的团队文化建设

要达成教研组与备课组的共同愿景，成员之间能够信任、合作，并不断地研究、创新，这是目标达成的保证。因此，首先要进行信任、合作、研究的团队文化建设。

首先，信任是学习共同体形成的前提。信任建立在同事间相互尊重、有共同愿景和无私分享的基础上，即知无不言，言无不尽。因此，在每次交流前，要达成成员之间的共识，明确对本次教研的期望，并有适当的评价机制做保障。例如，对案例的分析，既要分享优点，也必须指出不足，并要针对不足提供真诚的参考建议。在交流过程中，教研组长与备课组长要营造宽松、和谐、包容的交流氛围，对问题剖析时以解决问题为目的，并积极推动问题的深入思考。要推动团队成员间顺畅的交流与合作，容忍各种想法和观点，让每一个成员都能自由和自信地参与进来，并且能积极主动地贡献智慧。交流后，不暗示某种想法的优劣，引导组员对各种观点加以分析比较，自然而然地显示出各自的优劣，并引导大家在他人观点的基础上建立新观点，使组员都能在彼此的尊重中感受到成长的喜悦。在学习共同体中，学习者感到自己和其他学习者同属于一个团体，在进行共同的学习活动，遵守共同的规则，具有一致的价值取向和偏好。学习者对共同体的归属感、认同感以及从其他成员身上所得到的尊重感，有利于增强学习者对共同体的参与程度，维持他们持续、努力的学习活动，结

伴同行。

其次，高标准的坚持是学科组团队建设的灵魂，是骨干教师向青年教师传递的一种精神。只有咬定目标不放松的坚持，在目标达成遇到困难时，才能造就学科组内教师做事上的精益求精。因为坚持高标准的过程，就是促进组内成员不断讨论、研究、解决问题、提高的过程。在不断地讨论研究中，组内教师的学习热情和学科能力得到提高。研究、学习的团队文化才能逐步建立，并逐渐成为一种常态。

最后，研究是我们不断的追求。为解决教研组内教师遇到的新问题和新教师加入导致组内教师发展参差不齐的问题，要制定 3 年教研组内详细的发展规划，并结合规划分步落实。规划要分析优势、劣势，结合当前研究任务，对教师的发展、课程建设提出新思路。其中，“生物组 2022-2025 年的生物组发展规划”已作为案例收录在罗滨主编的《中小学校本研修的设计与实施》一书中，作为校本研究的教研组发展的典型案例。

（二）教研组内“深度学习”研讨实践模型构建

“深度学习”项目的推进需要在实践中学习，在实践中完善。倡导参与式教研，注重活动实效，激发教研积极性。教研能否取得实效，关键在于教师之间的思维互动。通过深入的讨论和辩论，才能澄清疑惑，明确方向。头脑风暴是一种互动、高效的活动方式，是教研组内活动开展的常用工具。

倡导案例先行的归纳法教研，教研时一定要精选案例，研究典型案例，归纳出有效的操作程序，总结基本规律，最后做专题总结。教师要有发现问题的过程，生成的过程感悟才能记忆深刻。

1. 在教研组指导下，以备课组为单位推进

备课组内教师面对同样的教学内容和相似的学情，往往需要解决的问题是相近的。且由于教学任务的需求，教师参与度高，案例研究与行动研究效率高。因此，在教研组统一研究主题引领下，以备课组为单位展开研究，既可以提供统一

指导与借鉴，还能提高效率。教研活动设计应遵循以下 4 点原则。

（1）主题准确，适时适度原则。教师参加教研的目的是为了解决教学中遇到的问题和困惑，因此，提供教研活动的针对性就显得尤为重要。其次，教研活动的针对性还体现在对不同教师群体的需求要准确把握。

（2）可操作性原则。可操作性体现在以下方面：首先要让参与者真正融入其中，这就需要一定的任务驱动；其次，参与者在活动之前要对活动有充分的准备与预设。充分的准备是为了促进教师交流的“火花”，“预设”是为“生成”服务的。只有当教研活动能够激活“生成”的作用，活动才是成功的。这种“生成”既有个体意义，也有群体意义，能促进整体教研组教师的提升。

（3）专业引领指导的原则。教研活动应将沟通教师的理论与实践作为着眼点。我们的目的是使教师能够将深奥的理论应用于朴素的实践。教师教研是促进教师学习理论和应用理论的“链接”与“导引”。教师教研活动的水平与质量也体现在能否很好地促进理论与实践结合，能否帮助教师形成基于实践的理论。

（4）研究要延续和拓展的原则。往往通过一次教研活动很难解决问题的全部，而且教研活动形成的最终“生成”是不是解决问题的最好策略也不确定。这就需要再实践，在实践中进行检验，遇到问题再解决，形成一个闭环的研究过程。

2. 推进的具体策略

教研组内统一指导理论学习，组织组内教师通过网络或理论书籍、讲座等方式学习理论知识，对学习的理论知识进行交流，达成对内容的理解并确定自己某一阶段的研究主题。

备课组可以根据教研组内研究的重点确立本备课组研究课题、项目等研究方向进行系统研究。依据研究主题，备课组内结合教学内容进行单元教学设计。在备课组内讨论完善后，可以申请在教研组内交流。教研组老师提出修改意见后，备课组继续完善。认为满意后可以邀请组内老师进课堂观摩，固化研究成果。教师进行课堂实践。在实践的过程中发现的问题，推荐典型课例，重新回到备课组与教研组内再研讨、再反馈、再完善。

3. “深度学习”研讨模型形成

“深度学习”研讨模型是一个以问题为导向，由专家引领，备课组与教研组团队共同协作，以单元教学设计为核心的双向研修模型，如图 2-1 所示。

图 2-1　双向校本研修方式

在这种模型中，同一次教研组会议上，由于不同备课组选择的课题与研究侧重点不同，因此汇报的焦点也会有所不同。但所有汇报都围绕单元教学设计的 4 个核心要求展开，即引领性单元学习主题、素养导向的学习目标、挑战性学习任务、持续性学习评价。每个单元的整体设计都必须涵盖这四个方面，只是在不同阶段，备课组内的研究会有所侧重。因此，每个备课组的汇报都可以为其他成员提供借鉴。同时，成员们还可以就汇报中的疑惑与汇报组的老师进行交流，从而完善自己的单元学习方案。这种研修模式有利于促进教研组内教师在最短的时间内快速提高教学水平。

（三）“深度学习”研讨模型下的案例分享

下面以必修课《分子与细胞》（人教版）第 3 章《细胞的结构》的单元教学设计为案例，为大家提供借鉴思路。

【案例】

细胞的结构

1. 教材内容分析

第 3 章《细胞的结构》包括 3 节内容，分别是第 1 节细胞膜的结构与功能、第 2 节细胞器之间的分工合作、第 3 节细胞核的结构与功能。通过本单元的学习，《课标》希望达成标准“1.2 细胞各部分结构既分工又合作，共同执行细胞的各项生命活动。”具体包括：概括细胞由质膜包裹，质膜将细胞与其生活环境分开，能控制物质进出，并参与细胞间的信息交流；阐明细胞内具有多个相对独立的结构，担负着物质运输、合成与分解、能量转换和信息传递等生命活动；阐明遗传信息主要储存在细胞核中，举例说明细胞各部分结构之间相互联系、协调一致，共同执行细胞的各项生命活动。

要达成以上素养目标，必须解决以下问题：如何通过对每一节内容的学习最终实现对系统功能的整体理解？如何处理第 2 节 8 种细胞器的结构与功能？是教师对 8 种细胞器的结构与功能逐个介绍吗？如何体现学生的学习主动性？细胞结构这部分内容学习的价值与意义是什么？

2. 备课组内围绕研究课题进行单元教学设计

高一备课组教师围绕他们研究的课题：“深度学习从学生的活动开始”，设计了引导学生自主构建知识的第一份学案。

学案内容包括：从细胞膜的发现史引导学生构建细胞膜的结构；学生阅读教材与教师补充的有关细胞器功能相关的学案，在自己阅读整理的基础上，小组合作绘制各个细胞器的结构并标注功能；分析教材实验，归纳细胞核的结构与功能的活动。这种设计即为我们常常看到的课时设计，它没有体现每一节内容在单元中的位置与作用，虽有活动但每个内容之间是割裂的，学生无法从系统的角度认识生命系统的整体性与系统内部各个组分之间的关系。

3. 学科组内交流，完善单元教学设计

但在学科组内进行交流时，有老师提出以下问题：这个设计虽能调动学生积极参与，主动构建，但细胞内这么多细胞器，在生命系统中是孤立的吗？膜、质、核之间是什么关系？如何体现细胞是一个统一的整体？学习这些细胞器的价值和意义是什么？在这些问题的启发下，备课组重新从单元设计的4个部分思考，如何围绕素养导向的学习目标确定单元学习主题，设计真实问题情境，使学生能像侦探一样，整理和概括信息，借助科学研究方法，拨开情境的迷雾，发现问题的真相，在感受到学习兴趣的同时，获得知识、发展能力，最终形成素养。

备课组在二次设计中明确本单元学习主题是“细胞各个结构间分工合作，协调配合”。并在这个主题引导下寻找新的学案素材，创设贯穿单元整体的学习情境进行学案的设计。以“白细胞吞噬细菌”的动画为情境，在单元学习问题“细胞是如何产生这么多不可思议的行为？”的启发下，引导学生探究膜在白细胞吞噬细菌过程中的作用，白细胞吞噬细菌后细胞内部结构如何处理细菌，以及如何保证这些细胞结构有序完成这项生命活动。学生学习内容聚焦的主题不再只是对膜、质、核结构与功能的单纯记忆，而是在情境指导下，从生命系统角度理解膜、质、核结构的有序性，功能既有分工又有合作，细胞是一个统一的整体，并从情境中体会到细胞作为最小的生命系统在生命活动中的作用与地位。设计真实情境的任务驱动，将这些小问题转化成一个个连续性和递进性的小任务，学生在完成任务的过程中深度参与，完成重要概念的学习与构建。

4. 备课组内实践、反思

学生围绕“白细胞吞噬细菌”的过程提出5个连贯的问题。（1）为什么白细胞能定向追逐细菌？（2）细菌如何进入白细胞内？（3）细菌在白细胞内是如何被分解的？（4）分解后的物质去哪儿了？（5）细胞是如何实现这种行为的合作与有序的？学生在这5个问题的引导下，在学习学案中素材的支持下，展开知识的构建，在概念结构化的过程中实现理解。并将教材中的分泌蛋白的合成过程、构建真核细胞的结构模型、生物膜用于海水净化的原理作为本单元的评价内容。以下是学生学习结束后构建的概念结构图，如图2-2所示。

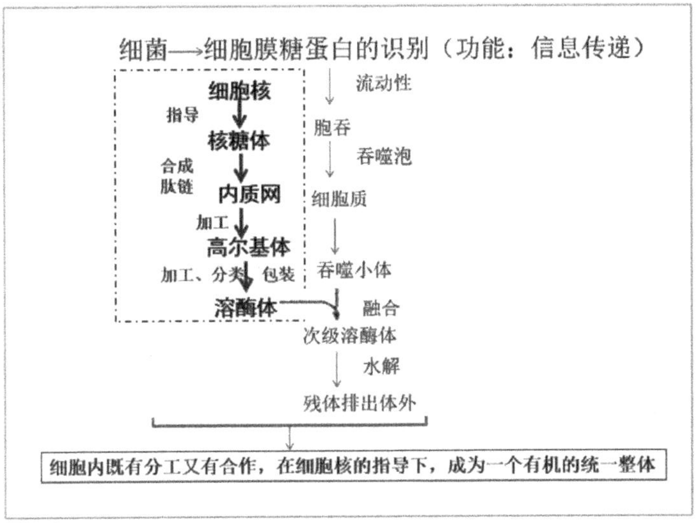

图2-2 学生构建的概念机构图

真正的理解是可以迁移应用的。高二1班在写班级规划时，学生写道：“我们班同学要在班主任老师（细胞核）的指导下，像细胞器一样分工合作，在和谐有序中发展。”这才是对知识的真正理解，是核心素养的体现。

本学习学案设计的优点为：以单元为整体进行教学设计，学生在解决单元问题的过程中学习白细胞如何吞噬细菌、细菌如何过膜、细胞内部细胞器的配合如何水解细菌，以及如何维持细胞内部稳态。理解整个过程是在细胞核的指导下完成的。学生是在细胞这个整体框架下分析解决问题，细胞作为一个整体的概念，学生理解得更加深入，不再是零散地对单个细胞器功能进行记忆。通过模型的构建，理解细胞膜的严整有序的结构及其结构特点——流动性，最后在运用细胞膜知识解决净水问题的过程中，学生通过资料搜集、内容整合，对核心概念的理解更加深入。学生构建的模型美观、简洁，是学生后续学习的宝贵资料。

可以说，组内所有老师的群策群力、老师们的反思总结以及大家的无私合作，共同构成了本单元学案诞生的基础。因此，组内文化的建设、组内高效研修机制的建立，无疑会对“深度学习”的校本化落实起到有力的推动作用。

然而，在操作过程中，我们也会遇到很多问题。例如，一节课的探究任务没有完成该怎么办？学生科学精神的培养需要真正走入科学家的世界才能深刻感悟，这又该如何实现？学生在探究过程中出现的问题应如何处理？等等，这一系列的问题都需要我们认真思考和解决。因此，在研修模式的基础上，学科组还需要对课程进行不断的调整与补充，以确保教学的顺利进行和保证学生的学习效果。

二、“以开发实验室”校本课程建设推进学习方式变革

《普通高中生物课程标准》提出了“科学探究”“科学探究与创新意识”“实验探究”等学科核心素养。然而，在教育教学实践过程中，由于学生的自主学习和知识的生成需要时间，往往导致学生在课堂上对问题的研究和解决不充分。深度的研究需要课后的保障和支持。为了培养学生的科学探究能力，我们需要增加学生动手实践的活动，并提高探究活动的开放性，包括开放的问题、开放的实验素材、开放的实验空间等。这样才能有目的、循序渐进地引导学生从发现问题、提出猜想、设计方案、实验并获得结论、交流讨论到反思改进。生活中的问题，有时需要多个学科共同解决，而目前国家课程的设置无法很好地满足对学生科学探究能力进行跨学科综合培养的需求。基于以上思考，我们提出了基于理、化、生开放实验室的校本课程体系的设想。

（一）开设“开放实验室”校本课程的目的及意义

1. 提高学生科学素养，培养实践创新能力和科学精神

学生在实验探究的过程中，学习、理解和运用科学知识和技能来解决学科问题，从而提高他们的学科科学素养，培养科学探究能力，并发展科学思维、理性思维、批判质疑以及勇于探究的科学精神。通过体验科学探究的过程，培养良好的科学习惯、严谨的科学思维和谨慎的科学态度，进而提升学生解决实际问题的能力。教师应引导学生进行探究，使他们能够提高实验实践创新能力。

2. 利于学生的情感发展

开放实验室为有兴趣的学生提供了一个发展的平台，有些学生由此发展了自己的爱好和志趣，结交志同道合的伙伴，进而建立社团。比如，昆虫养殖、观鸟社团、美丽化学社团等社团的成立。初中生物教材上有家蚕养殖的建议，教师建议学生可以根据自己的爱好来养殖，实验室为学生提供了交流场地和昆虫标本制作的用具、药品，由此衍生了昆虫标本制作的后续工作，吸引了一批昆虫养殖爱好者。有学生把家里的蝎子、独角仙、蜘蛛等小宠物拿到学校，在实验室开展养殖经验交流。有位女学生因爷爷是专家，受家庭熏陶的她成为同学们中的小专家，指导其他同学进行探究。学生们相互交流，在养殖过程中深化了学科知识，增进了爱心，还促进了学生们对各类家庭宠物的动物行为的探究。

在与同社团同学的交往中，学生的人格培养、情感发展、心理健康等都有了较为充足的时间与空间。同时，教师将主动权交还给学生，让学生们相互交流，充当讲师角色，在他们擅长的领域向其他同学讲解，这十分有利于学生自信心的增长。

3. 尊重和满足学生的个性化需求

教育部《关于全面深化课程改革落实立德树人根本任务的意见》明确提出“要加快制定学生核心素养体系，并把核心素养落实到学科教学中，促进学生全面而有个性的发展”。在实验探究活动的过程中，需要团队合作和沟通交流，让学生明确社会发展所需的能力和素养，明确自身的社会定位，为以后成为合格的社会公民作充分准备。

发展学生核心素养，为学生提供实践创新的平台，让学生能够将兴趣转化为志趣，能力进一步提高。正因为开放实验室，让一些学生的爱好成了特长，使得一部分有兴趣爱好的学生脱颖而出，开发出无限的可能。

（二）“开放实验室”校本课程实施方案

1. 方案基本框架

开放实验室面向校内全体学生，从与国家教材相关内容出发，在各个专题下设置若干主题实验，难度从基础到探究，分层级进行。学生可以根据自己的兴趣、能力进行自主选择，在合适的阶段可进行适当的跨学科专题设置。

2. 专题形式下的分层级的主题实验

如图 2-3 所示，课程的难度梯度由低到高。第一梯度为基础内容，主要由教材经典实验、经典实验的改进及分析实验组成；第二梯度为半开放内容，主要由给定探究主题、验证或解释结论的实验组成；第三梯度为开放内容，主要由给定研究范围，学生自行寻找切入角度进行自主探究的实验组成；第四梯度为完全自主内容，主要为学生感兴趣的领域和角度进行研究的实验，教师适当给予指导和引导。梯度内每个专题的实验操作可能包含基础操作、定性分析、定量分析、开创性研究等。

图 2-3　生物部分课程难度梯度

（三）具体实施

1. 打破空间与时间界限

课上学生实验时间不充分，影响学生科学思维过程，使学生无法从认知观察实验过渡到归纳演绎。开放实验室打破常规，让学生分批分次利用午休或自习课时间进入实验室。在教师指导下，学生全程参与实验，不仅书面理解实验原理，更是学会操作方法步骤，同时也训练了动手操作能力和探究思维能力，包括沟通和交流能力，以及团队协作能力。

2. 打破理化生的学科隔离，跨学科进行实验探究

学生在研究生物对环境变化的耐受阈值时，借用了化学实验室的传感器、pH仪等高端仪器，这些仪器的使用方便快捷，所得数据更精细真实，使得研究更具有科学意义。

在生物学课程中，进行视觉形成的探究时，学生们运用了物理实验室的光具座；在探究植物呼吸作用时，他们借用了物理实验室的抽真空泵；在制作海洋生物标本时，学生们还借用了物理实验室的游标卡尺。

此外，在研究晶体析出时，学生们借助生物实验室的数码显微镜及互动系统，得到了清晰的结构影像，并借用紫外分光光度计进行物质含量检测。

开放实验室不仅让实验仪器得到了最大化地利用，同时也让学生学会了沟通和请教。因为每一种仪器总有会使用的学生，学生之间互教互学，这不仅节省了实验教师的时间，还达到了事半功倍的效果。

开放实验室的实施，使得探究不再局限于单一学科实验室的闭门研究，而是带动了跨学科间的研究合作，更有教师们进行跨学科的实验探究。例如，化学教师会到生物实验室来，针对海水水族箱进行真实的水质测试，从pH值和二氧化碳浓度等因素进行有实际意义的研究，并用真实数据编撰试题。

（四）开放实验室的实践成效

1. 实验室工作程序更加完善，有利于学生实验探究能力的发展

开放实验室，不仅仅是工作量增加，更考验实验室管理。所以为保障工作的顺利实施，理化生共同研讨了工作程序和制度。在实验探究的时候，师生人身安全和实验室财物安全得到有效保障。

《教师实验手册》的出台，让教师们能够在实验课教案中明确安全预案，知道有哪些危险需要事先提醒学生，哪些操作需要教师指导下完成，从而更好地驾驭实验课堂。

2. 学生对实验探究活动的参与度明显上升，有利于学生实验探究能力的发展

（1）实验分类统计及分析。

统计不同月份的实验室记录，其中单独项目实验总量 54 次，校本课程实验总量 47 次，课内延伸实验总量 56 次，实验总数量达到 157 次。

（2）学生论文获奖的级别在逐渐提高。

以往，实验室教师指导学生进行实验探究及撰写论文，学生获得区里的研究性学习论文的一二三等奖。这两三年里，学生获奖的级别越来越高，学生对论坛投稿的动力也加大了，参加各类比赛的学生人数也在增加，获奖的人数也在增加。

各级获奖的学生论文中，不乏我们自己的实验教师在中学实验室里指导完成的，如:《草履虫应激反应的研究》《有丝分裂》《不同植物细胞有丝分裂的比较观察》《红外光谱测定决明子有效成分》等。

3. 教师对实验教学的关注度明显提升，进一步促进学生的学科素养和实验探究能力的培养和提升

随着学科素养的提倡，教师们越来越主动地投入实验活动探究中。近年来，教师们的各级公开课、展示课、教学论文、教学案例和课题都会与实验挂钩。开放实验室工作的积极开展使得以前大家为避免麻烦都躲开实验活动的情况得到了

改变，现在都积极主动争取实验探究的教学模式。

4. 促进了学校的科技教育特色工作，让科学探究活动成为风气

学校科技教育工作在各方面老师们的努力下取得了良好的成绩。开放实验室依然成为其中一项不可或缺的组成部分。科技月、科技秀的活动都离不开理化生实验室的支持。社团、少科院、理化生奥林匹克竞赛等学生的学习和实验探究活动也由开放实验室鼎力相助。

理化生实验室的通力合作以及开放实验室的实施让一批学生脱颖而出得到专家指导。学生在各种论坛和竞赛中获得良好的成绩和奖项为学校科技教育更上一层楼贡献了力量。

学生在各级论坛和竞赛中取得良好的成绩比如获奖论文有《青步甲腿长与其生存环境的关系》《不同培养基比例对铁皮石斛组织培养增值的影响》《冬凌草甲素的稳定性研究》《利用光能酵母的构建》等。

学校的科技教育特色工作做得好让科学探究活动的风气更浓厚也相辅相成了开放实验室的工作。

5. 学生的学科素养和实验探究能力在逐渐发展提升

（1）学生实验规范落实在细处。

实验教师用心选择和安排实验用品，讲解和示范操作，在实验课中随时指导学生，在一定的规则下进行训练，操作规范专业。让学生一开始就规范行为，保持实验台面的整齐有序，实验记录单中的课前课后检查记录，有助于规范操作的落实。

（2）学生的探究活动从不专业到专业，重在学习过程。

教师尝试利用经典的遗传实验，果蝇的杂交实验，助初中学生学习抽象的遗传内容，这些实验也是教师自己没有经历过的，大家借助大学校友实验室的协助，获得遗传基因明确的果蝇，悉心请教，尽管中学生物实验室的条件简陋，师生都在学习，从开始教师自己的不专业不熟练，到后期学生有模有样的专业操

作，学生进行了培养基制作、饲养，涉及杂交实验，用二氧化碳昏迷果蝇进行数据统计，一系列探究活动，也是教学相长师生共同进步的过程。

（3）从被布置任务，到自主探究。

很多实践探究活动，是不能依赖课堂四十分钟来完成。学生从被动接受教师布置的任务，到学生自己自愿来进行实验探究，主动探究。

在实验室的墙壁上张贴有学生的研究成果，在实验室的架子和橱窗里有学生酿制的果酒、腌制的泡菜，有学生自制的浸制标本，有各种细胞模型，有3 D打印的心脏模型，……，这些实物的展示，极大鼓舞了学生，也带动更多学生主动参与到开放实验室活动中来。

教师们布置的任务，在前期学生成果的基础上，有了越来越多的创新和发展，即使是初一的学生也能有模有样地完成规范的探究实践报告。

（4）实验探究，从点到面、由表及里，形成系列。

鸡卵的孵化，作为学生的养殖实践活动，是初二学生开展的，经历了几届学生的探究实践，最初，仅仅只是保障能孵化出小鸡，后面，渐渐，这个实践活动发展成为孵化的全程探究，包括鸡胚的发育、鸡胚浸制标本的制作。

高中年级在学校的努力下争取到了动物基因工程项目。学生自愿报名，经过甄选，获选的学生定期去专业的转基因实验室，在专家的指导下，进行转基因研究。

作为带队老师的实验教师，又从更高一层的认识，启发和指导初中实践活动，让科学探究更具专业更深入，提升学生素养和能力。

（5）学生的创造性得到发挥。

学生在开放实验室的实验探究能力得到提升，自行拓展出了更多实验内容。例如学生根据氯气的性质，查阅资料后设计了氯气与金属和非金属的反应实验。通过多次实验探究，学生挖掘出了实验纯粹的美，进而创造性的拍摄出美丽中学化学实验现象。

学生积极合作，将实验现象和实验结果拍摄成视频，在校内一系列活动中展示，吸引更多学生加入开放实验室中。

学生对于学科和科学探究的热爱，在探究实践中，创造性不断激发，挖掘出自身潜能不断开拓创新、积极探索。

（五）开放实验室实践活动的经验

1. 重视实验室的宣传

利用微信公众号，是继以往纸质印刷品之后，又一新的有效宣传途径。利用年级的学生实验时间，以及主题性科技类活动，比如学校的开放日、科技月、科技秀等活动，都是宣传开放实验室的好契机。

2. 借用研究性学习的任务，促进自主探究实验的开展

每个年级都有研究性学习的任务，尤其是高中年级，区里每年评选研究性学习论文。理化生教师和实验教师都在承担校本课程的主讲或助教工作，积极引导学生开展自主探究实验，将实验探究实践的范围拓展延伸。

3. 整合一切资源，拓展实验探究的范围

无论是实验室的资产，还是校园里的花卉树木，无论是教师，还是家长，都是资源。整合软硬件资源，拓展学生的认知和探索范围。

4. 申请专项课题，助力实验探究实践活动

教委有各级课题和项目，其中一些普通教师也可以自由申请，不乏实验类的课题。自 2017 年以来，理化生的实验教师积极申报，连续多年获得项目经费，为开放实验室实践活动提供了有力的支持。此外，社会其他团体提供的公益基金也为学校和高等学校研究院所的合作提供了支持，使学生的科学素养和探究能力得到了更大的提高。

（六）困难与挑战

经过几年不懈的努力，在教师们的辛勤付出下，开放实验室的实践活动取得了一些成效，但问题依然很多。在学生方面，如何吸引更多学生参与实验探究，

如何让学生在有限的时间里快速投入合适的选题中，如何让学生能排除困难有始有终地完成课题，如何让学生的探究达到更高水平，这对教师和实验教师提出了更高的要求。

在实验室管理方面，如何规范学生行为，保障实验物品的清洁、整齐、有序，让实验室教师从实验室整理工作中脱身，如何使学生的自主探究活动和年级的常规实验互不影响，这也是对实验室管理提出了更高的要求。

三、从教、学、场三方面推进课堂“深度学习”文化的形成

落实“深度学习”，教师的日常课堂课例研究成为校本研修的核心，从以下 3 个方面推进。

（一）教：课例研究，操作三要素

美国 SDL 的准实验研究从认知、人际、个人三个维度界定了深度学习能力，我们据此提出大致相对应的学科深度、交往深度、思维深度为深度课堂研究操作三要素。要素一，学科深度——落实学科核心素养，提升课程教学的效度；要素二，交往深度——培育学习共同体，提升课程教学的温度；要素三，思维深度——发展高阶思维，提升课程教学的广度。深度课堂研究首先是从备课组研讨的基础上，教研组头脑风暴开始的，基本步骤是发现问题—课例研讨—课堂实践—再反思—再研讨，逐步推进。

（二）学：课堂观察，聚焦四特征

深度学习的课堂是怎样的？或者说，如何判断学习是否“真正发生”？从“看教师”转变为“看学生”，看学生怎样学、学得怎样；从“看场面”转变为“看焦点”，看焦点学生、焦点问题。聚焦深度课堂四特征，观察学生学习是否“真正发生”。一是在学习内容方面，看学生是否把握了本质与变式。本质即学科知识的关键特征，如苹果落到地上，其本质是地心引力；变式就是通过一些非标准正例把握真正的本质特征，如鲸生活在水里，但不是鱼，而是哺乳动物，从而使学生掌握胎生是哺乳动物的本质特征。二是在学习过程方面，看学生是否展开

了建构与反思。如神经调节的学习，是单纯对知识的记忆，还是从结构、功能角度对神经调节内容进行构建，实现知识的结构化，并在反思中逐步完善。三是在学习方式方面，看学生是否亲历了探究与协同。探究即引导、鼓励学生提出具有挑战性的问题，并对此作出猜想、操作验证和解答，体验科学家的思想方法。这个探究过程是在协同学习的基础上展开的，学生不仅需要科学的精神与方法，也要与同伴互助合作，才能达到学习的高效快速。四是在学习结果方面，看学生是否学会了迁移与运用。

（三）场：课堂建设，融入三层结构

构建深度学习课堂，教学环境及氛围也是主要因素之一。王明娣在《走向深度学习的课堂共同体：内涵、结构与运行机制》一文中提到课堂学习共同体的构建，并指出课堂共同体是以课堂学习共同体的内涵为基础，形成的一种走向课堂深度学习且关注课堂中“人”的具身在场与课堂制度规约属性的整体性、系统性的课堂建设。它涵盖课堂精神共同体、课堂深度学习共同体与课堂制度共同体三层结构。

一是课堂精神共同体：构筑师生、生生共同体情感，形成共同体意识。课堂是师生之间围绕课程展开的一系列教学活动，但教学活动是以师生的“参与”为前提的，不仅包括认知活动的参与，更包括学生精神世界的参与。学生在深度学习中所能获得的不应仅仅是知识或思维的锻炼，抑或是解决问题等理智方面的能力，更应当是全面的发展，像情感、意志、精神、激情、德性、灵性、自由、理想、卓越性、超越性等这些能够赋予学生的整体生活以意义乃至对于学生终身幸福至关重要的品质与价值，理应是深度学习过程中相伴随的、内在具备的特质。因而，在课堂共同体中首先应形成课堂精神共同体，关注学生精神世界的丰盈，通过师生之间、生生之间的相互理解与协商、合作与帮助，达到精神上的归属与认同，以此整合学生生活意义，形成共同体意识，才能促使学生在学习中投入全部的思想、情感和意志，逐步走向深度学习。

二是课堂深度学习共同体：培养学生实践能力，促发共同体社会化联合。《义务教育课程方案（2022年版）》也强调："加强知识学习与学生经验、现实生活、社会实践之间的联系，注重真实情境的创设，增强学生认识真实世界、解决真实问题的能力。"深度学习是指向学生核心素养的学习形态。有效的深度学习发生在复杂的问题情境中，而独立的个体学习难以解决复杂问题的种种情况，必须依赖课堂共同体成员之间的社会化联合为其提供的群体交互平台。从学习科学的角度来看，缺失社会互动的纯粹的个体性学习是无法实现真正的、持久的深度学习。

三是课堂制度共同体：规约学生学习行动，创设共同体学习环境。为了确保课堂共同体的学习活动有序进行，需要共同体成员担负起能动者的角色，发挥能动者的作用，交流商讨课堂共同体的制度与规范，对课堂共同体成员进行行动上的规约，形成公正、有序、开放的课堂制度共同体，创设促进课堂共同体成员自我认同与社会性发展、实现共同体成员身份建构的优质共同体学习环境。学习共同体强大的场，是深度学习顺利完成的保障。

第三章　深度学习的校本化实践

一、构建深度学习校本化实践模型

（一）培养学科核心素养，推进课程标准落实

当下，学科核心素养的培育已成为新的学科课程目标。学科核心素养的培育，一般需要从以下两个方面入手：首先，教师在实践教学过程当中应该在结合学科本质的基础上，注重对学生知识的教授、综合能力的培养；其次，学生在学习过程中应该具有符合深度学习的内部学习动机，能够积极、主动地对所学知识进行理解和掌握，注重自身综合能力的培养，注重自身高阶思维的培养，从而形成科学的思维方式和合理的素养结构。其中，深度学习过程当中强调的注重反思与批判，注重知识体系的构建，注重理解与思考，注重高阶思维的培养等学习方法，都有助于培养学生的学科核心素养，而学科核心素养又可以为深度学习过程的发生提供理论支持。所以，加强当下深度学习理念，有利于促进深度学习过程的发生。

（二）“深度学习”教学法概述

1. 主题单元教学法模型的提出

刘月霞、郭华在《深度学习：走向核心素养》一书中指出：“深度学习”倡导单元学习。它要求教师建立好学科核心素养与学科核心内容之间的关系，依据课程标准和教材，选择有利于培养学科核心素养的教学内容和素材，制定学习目标、选择学科内容、设计学习活动、开展课堂教学、进行学习评价，环环相扣，使学科素养具体化、可培养、可干预、可评价，实现教-学-评的一体化。并指出，开展单元学习有四个重要的环节，即选择单元学习主题、确定单元学习目标、设

计单元学习活动、开展持续性评价。

学生在素养导向学习目标的引领下，聚焦引领性学习主题，展开有挑战性的学习任务与活动，掌握学科基础知识与基本方法，体会学科基本思想，建构知识结构，理解并评判学习内容与过程，能够综合运用知识和方法创造性地解决问题，形成积极的内在学习动机、高级的社会性情感和正确的价值观，成为既有扎实学识基础、又有独立思考能力，善于合作、有社会责任感、具备创新精神和实践能力、能够创造美好未来的社会实践的主人。

这种围绕某一特定教学主题，并围绕该主题选取合适的各类教学资源，设计有意义的教学活动，激发学生的主体能动性，使其积极参与其中，从而促进学生全面发展的教学方式，即为主题教学。主题单元教学是当下能够促进“深度学习”的一种主要实践教学模式。这种模式要求教师基于教材整合教学内容，构建完整的知识体系，打破原有的章节、年级、学科等界限，使学生站在更高的层面上把握知识体系，并根据学科特点设计出让学生深度参与的课堂活动，让学生的思维向深度和广度延伸，并能够呈现于课堂，即形成高级思维并可视化。

刘月霞、郭华还提出了实践模型来支撑教师加深对教学系统、教学过程的认知和理解，给予教师如何从确定目标、选择内容、设计活动、预设评价等方面进行教学设计和实施的基本原则和方法，为教师提供真正意义上的“教学支架”。在广大教师实践的基础上，“深度学习”教学实践模型由 1.0 版发展到 2.0 版本，如图 3-1 所示。

可以看出，该模型一直坚持“单元学习”主张，鼓励教师进行“单元教学”的设计与实施；另一方面，进一步凸显“学习目标”的素养导向、“学习主题”的引领性、“学习任务/活动”的挑战性以及“学习评价”的持续性，强调以大概念为引领对教学内容进一步结构化，按照学习进阶将教学活动系列化、情境化并赋予其挑战性，让学习评价伴随教学全过程，营造开放性的学习环境。该模型强调单元各部分功能各异，却相互连接支持整体内容。本模型是圆形的，强调四个核心要素中的任何一个都可以作为设计的起点，且该模型的要旨是心里装着学生，始终把学生的发展放在第一位。该教学模型的提出，为教师进行课堂实践提供了有力的抓手。但正如我国民国时期的教育家萧承慎所说，“最优良之教法是教师审度自己之才识、学生之个性、教材之性质，而取其在此三方面皆能产生最大之效率者。在实施上，绝无单独存在之最优良的方法。”教师只有学会理解并科学把握学生的认知特点和学科的本质特征，学会正确处理教师、学生和课程三者的关系，才能根据个人风格更好地进行教学设计和组织实施，进而形成独到的教学之法。

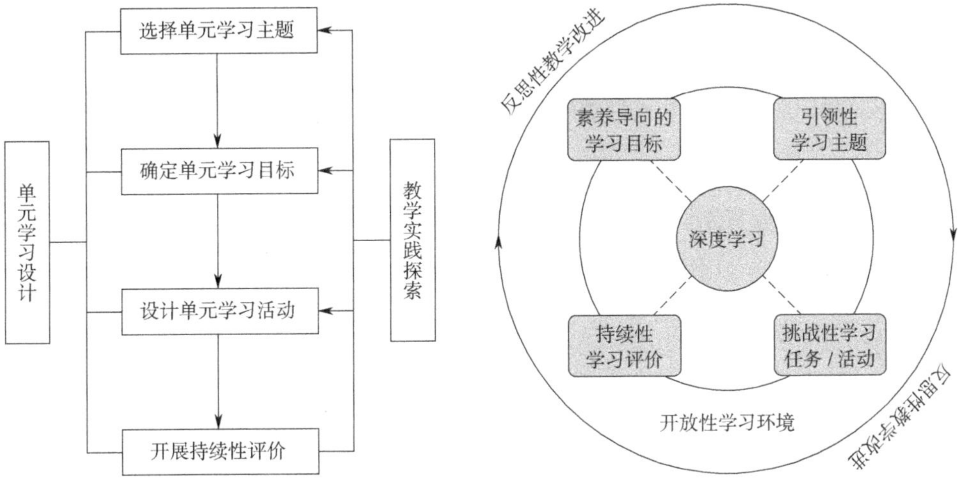

“深度学习”的教学实践模型 1.0　　“深度学习”的教学实践模型 2.0

图 3-1　“深度学习”教学实践模型

2. 任务型教学法模型的提出

形成于 20 世纪 80 年代的任务型教学法（Task-based Approach，简称 TBA）是一种“与新课程标准理念相匹配的，有助于落实新课程标准的教学途径”。我国学者魏永红认为，任务型教学是一种以任务为核心单位来组织教学的教学途径，通常一个任务组成一个独立的教学单元，全部教学活动围绕任务进行，服务于任务的完成。教学活动的任务化是为了使活动更具目的性，即教学目标更加明确。他还指出，任务型教学遵循真实性、交互性、过程性、学用结合及重视学习者的个人经历对学习的促进作用等原则。

它强调从学生的学习兴趣、生活经验和认知水平出发，将教学目标整合到一个或多个具体任务中，使学习者在完成特定任务的过程中获取知识与技能。这是一种以学生为主体，倡导合作与互动，关注学习过程，以“做中学”为核心的教学活动。

这里所说的任务是广义的任务，指真实存在的任务，具有真实性，即现实生活中存在的问题。而在课堂上为达到某种学习目标而设计的任务，是狭义上的任务，即教学任务，它不一定是生活中存在的问题，但能培养学习者完成真实任务所必需的技能。

贾志高从任务构成要素的角度来揭示任务的本质，他认为任务由目标、内容（即做什么）、程序（即怎么做）、完成任务过程中所使用的材料或资料、教师和学习者的角色以及任务产生或执行的环境或背景条件六部分组成。任务本身只是一种方法或手段，它既不是内容，也不是目的，但通过它，可以促进学生的互动，促进学生的思维、决策，为他们提供在实践中解决问题的机会，从而避免单纯的知识学习。

总之，任务型教学中的任务是一种有效的教学策略，它综合了教学内容与目标，整合了教学方法和手段，同时又融入了教学评价。这其实是一种兼顾意义和形式的折中，贴近我国的教学现状，具有 5 个特征：①任务是一个有计划的活动，具有明确的目标定向和目的性。②任务与现实生活或真实世界联系紧密，有在现实生活中发生的可能性。③任务关注意义，具有运用与实践的功能，这是区别于其他教学活动的关键特征。④任务涉及某个需要解决的问题，这个问题可以通过互动与合作的方式加以解决，解决方法具有适度的灵活性。因此，任务的设计和执行应考虑任务的完成，学生的学习过程即解决问题的过程，而问题的解决过程也应反映学习的结果。⑤对任务的评价是依据任务最后的完成情况来进行的。任务的完成情况要求有明确定义的描述性结果或可见的成果，任务的完成过程具有相对开放性。

王玲、王云燕从以下两个角度表明了任务型教学法有助于促进深度学习的发生：第一，任务型教学法包括前任务、任务循环流程、语言聚焦和反馈三个步骤，具有课堂组织的完整性，能够满足深度学习各学习阶段的要求，能将教学内容融入真实的任务情境中，引导学生通过完成具体任务的方式来学习知识。第二，任务型教学法强调关注学生的情感因素，有助于学生增加学习信心，发挥学生的主观能动性，这符合深度学习的特征。第三，任务型教学法强调选取的教学情境应贴近现实生活，具有任务的真实性，有助于培养学生的知识迁移运用能力，这也符合深度学习的特征。

任务型教学法被认为是一种以学生为中心、重视学习过程、体现教与学相统一、内涵不断丰富的教学模式。它是教师根据学习内容设计各种任务，让学习者在完成任务的过程中学习知识，并以培养学生运用知识为目的的教学模式，如图3-2所示。

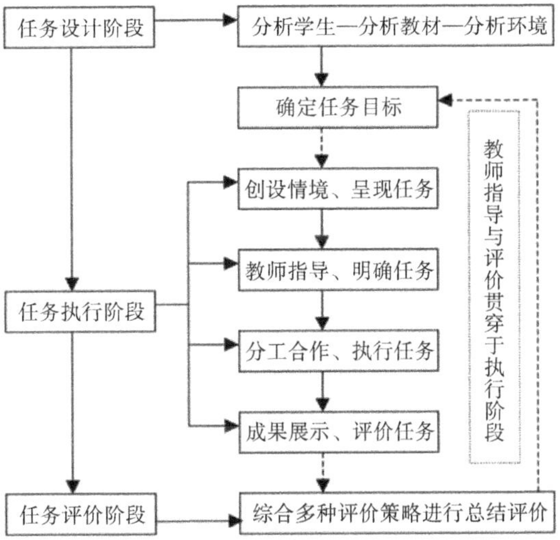

图3-2　任务型教学的教学设计与实施流程图

根据现代知识观，人类的知识广义上可分为两类：一类是陈述性知识，主要指言语信息方面的知识，用于回答“是什么”的问题。这种知识与人们日常使用的知识概念内涵较为一致；另一类是程序性知识，用于回答“怎么办”的问题。任务型教学强调教师引导与鼓励学生发挥个人潜能，注重学生在亲身“做”中去探究知识，适合解决目标明确、方法不确定的、具有可操作性和应用性的任务。生物教材中有大量的课程单元内容适用于任务型教学，但为完成任务而进行的知识储备是必不可少的。对于那些基础概念等陈述性知识，则适宜采用单元主题教学模式；而在任务型教学中，通过任务的实施会有助于学生对陈述性知识的理解和记忆。

基于以上认识及以上模型基础，结合我校学生实际，以及我校教师对深度学习的理解与实践，我们总结出了我校校本化实施的深度学习模型，并赋予该模型校本化特色，如图 3-3 所示。

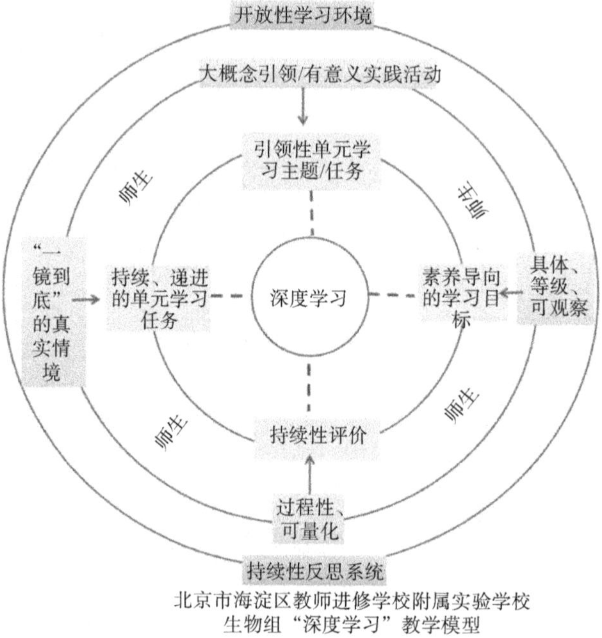

图 3-3 “深度学习”教学模型

该模型结合我校学生思维碎片化的特点和教学内容特点，进一步强调要坚持单元学习主题，以大概念或有意义的实践活动为引领，努力设计“一镜到底”的单元真实学习任务或活动情境，引领学生实现知识的结构化和系统化；设计素养导向的学习目标，要求目标具体、有等级、可测评，杜绝教师对学情考虑欠缺，认为教了就是学了、学了就是学会的错误认识；持续对学生的学习和教师的教学活动进行评价，坚持自评与互评相结合，关注学生是否学会的同时，还要关注学生是如何学会的。评价不仅针对学生的学习，也包括对教师教学设计、教学实施的评价，确保教-学-评形成完整的闭环，将“深度学习”落到实处。在一个开放性的、不断反思的学习场中，实现教师与学生的“深度学习”，提升教学效益。

二、单元学习主题或任务的确定

（一）对单元学习主题或任务的认识

北师大郭华认为：“单元学习主题是依据课程标准，围绕学科某一核心内容组织起来的，它体现学科知识发展、学科思想与方法深化或认识世界的方式的丰富性，能够激发学生深度参与学习活动，促进学生学科核心素养的发展。”北京市海淀区教师进修学校“深度学习项目”2.0 版对单元学习主题的界定为：“单元学习主题是对单元学习核心内容的价值提炼，它既反映学科本质和单元大观念，体现主题所涉及的核心内容的关联性，又要与真实世界和学生的基础与兴趣相联系，体现生物学科多个不同核心概念维度的有机整合。”单元学习主题能够有效地引导学生构建单元核心概念，并促进核心素养的达成，体现核心素养落实的具体化与整体化。

鲁子问等结合我国教学实际，强调任务型教学中的任务分为真实运用任务和真实学习任务。真实运用任务是以运用为目的，以意义为首要关注的教学活动；真实学习任务则是以学习为目的、以形式为首要关注的教学活动，是为了获得在真实生活中运用知识的能力而进行的教学活动。但并非所有以学习为目的的教学活动都是真实学习任务。例如，“背会光合作用的概念”或一味地“选择与填空练习”等任务并非真实学习任务，而“探究影响光合作用的因素”这个任务则符合真实学习任务的内涵，因为这些因素对生产实践具有重要的指导意义，体现了“为用而学”的特征。

（二）确定单元学习主题或任务的意义

心理学中的“专家-新手”研究表明，专家围绕着学科的“大概念”组织其深层的知识体系。围绕“主题”把课程内容组织起来，形成一个紧密联系的知识网络，将有助于学习者形成模式化的知识，加深对知识的记忆并吸纳新知识。同时，这又能促进对知识的全面深入理解，有助于解决问题。谭永平也提出，用生命观念贯穿概念体系，生物学知识才有灵魂，生物才学“活”了。

在课堂中呈现单元学习任务，有利于延伸学生思维的深度和广度，帮助学生形成高级思维并在解决实际问题的过程中体现出来。因此，主题或任务单元教学能够有助于深度学习的落实，是在教学中实现深度学习的有效途径。

（三）单元学习主题或任务的校本化实施

确定单元主题或任务，这一环节对整体单元教学活动的质量产生了直接的影响。确立单元主题或任务并非简单的工作，而是需要教师深入解读和分析教材，既要分析课程标准，也要分析教学内容。考虑什么样的教育内容更具生物学科育人价值，学生应该学习什么内容，从而确定单元学习主题或任务。并且，教师需要注重核心素养、学生学情以及社会议题等方面所产生的影响。具体来说，在明确单元主题或任务时，教师要开展以下 3 点工作。

1. 确定单元学习主题或任务的依据

（1）课程标准。课程标准反映了基础教育课程改革所倡导的基本理念、基本规范和质量要求，是国家对学生学习该学科课程后应达成的价值观念、必备品格和关键能力结果的期望。

（2）学科教材。教材是依据课程标准编制的，系统反映学科内容的教学用书，是课程标准的具体化体现。

（3）核心素养的发展。我们知道核心素养具有统摄功能。每个学科核心素养在学生发展的不同阶段都有不同的表现，对此教师要全面了解、理解，才能够站在学科整体角度做好单元学习主题的选择和确定。

（4）学生情况。适合学生的单元主题或任务才是最好的，因此要根据学生的实际特点进行主题或任务的选择。

2. 确定学习主题或任务的基本流程

如图 3-4 所示。

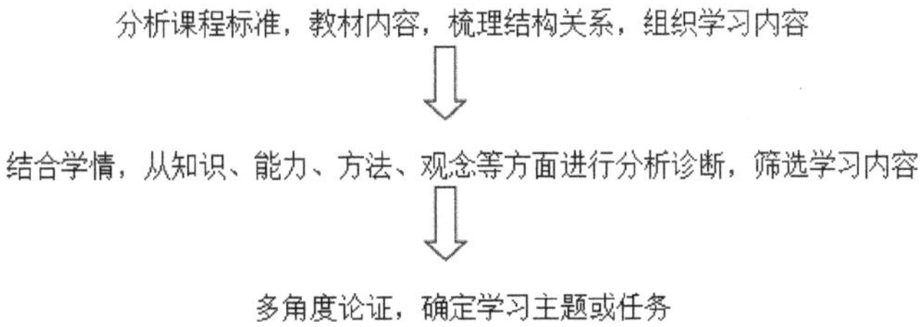

图 3-4　学习主题或任务的基本流程

3. 单元学习主题或任务的确定

（1）单元学习主题的确定。

单元学习主题主要指在单元学习过程中，以分析课程标准为基础，将所需要学习的核心学科知识的概念、方法、原理及过程转化为主题，以这些主题构成主要的学习内容，而学生则根据主题进行一系列相关的学习活动。单元学习主题的作用不仅在于为所学知识提供一个有意义且能够与实际生活相联系的情境，还能够为实际教学中学习活动的设计提供依据，并为教学过程中的教学目标及评价方法的选定提供思路及框架。因此，单元学习主题是整个单元教学的前提，一个合适的主题能够影响整个单元的教学效果。所以，主题的选择需要考虑以下 2 点。

①设计符合课程标准的主题。

确定主题的标准包含以下 5 条。一是符合课程标准；二是符合学生兴趣，与实际生活紧密联系；三是符合学生的认知、情感发展水平；四是具有实质性内容，且有一定意义；五是能够促进学生成长，促进学生对核心概念的理解与生命观念的形成，有利于实现概念建构。单元学习主题的确定是深度学习开展的前提与基础，只有准确的单元学习主题才能引导出有意义的深度学习过程。

而对于单元学习主题的确定，结合确定主题所需要考虑的问题，本文认为需要从以下 6 个问题入手。一是所确定的主题是否满足《普通高中生物学课程标准》（以下简称《课标》）的要求；二是所确定的主题是否包含高中生物学这门学科的核心知识，是否能够体现生物学学科核心素养；三是所确定的主题是否包含具有挑战性的学习任务，能够引起教师与学生兴趣；四是所确定的主题是否能够与现实生活紧密联系，让学生体会到研究价值；五是所确定的主题是否具有可操作性，能否找到相应丰富的教学资源；六是所确定的主题是否能够涉及深度学习的认知、人际、自我三个领域维度。

结合以上 6 个问题，可将单元学习主题的确定过程定为以下 4 个步骤。第一，研读《课标》，选出包含生物学学科核心知识的内容，分析该内容所对应的教材及其它教学参考书籍；第二，分析教师的教学实际要求及学生的需求；第三，形成单元学习主题；第四，从吸引力、现实生活相关性、深度学习三个领域维度、研究价值、可操作性等角度论证单元学习主题是否合适；第五，根据论证结果最终确定单元学习主题。因此，单元学习主题的选择主要来源于学科核心知识、现实生活中的热点话题、符合学生兴趣及经验的事件 3 个方面。

②设计的主题要有引领作用。

主题要具有引领实现单元知识结构化的作用。在学习主题的引领下，教师从学生感兴趣并与他们生活相联系的情境开始，引导学生聚焦单元中最为核心、最具有育人价值的内容，激发学习兴趣，使师生积极投入到学习当中。学生围绕依据主题设计的真实情境展开思考讨论，内容更聚焦核心主题，在思维层层递进的深度思考体验中构建大概念，在解决真实问题的过程中实现概念的理解。通过这一过程，学生掌握分析问题的方法，形成正确的生命观。围绕大概念开展的学习中，学生围绕大概念思考问题，不断加深对大概念的理解。依赖大概念所形成的结构会成为新知识的生长点，使知识的掌握更加牢固。更有意义的是，学生依靠大概念学习的内容会对他们的未来持续发挥作用。

具体分析来看，深度学习环境中生物单元主题可集中为以下 4 类。第一，核心概念；第二，重要概念；第三，章节标题；第四，探究活动。为进一步体现单元主题教学的价值，促进学生深度学习，本部分将以人教版高中《生物学：必修 2 · 遗传与进化》中第 4 章《基因的表达》单元为例，来说明聚焦大概念（核心概念）的主题确定。

大概念是反映学科本质及其特殊性的、构成学科框架的概念，能够解释和预测较大范围的物体、事件和现象。在《普通高中课程方案》（2017 年版 2020 修订）对《课标》的修订中明确要求“重视以学科大概念为核心，使课程内容结构化，以主题为引领，使课程内容情境化，促进学科核心概念的落实。”在这一要求下，《课标》中提出的生物学课程的基本理念之一是“内容聚焦大概念”，认为这样能够让学生深刻理解和应用重要的生物学概念，发展生物学科的核心素养。

【案例】

基因的表达

1. 教材内容分析

《基因的表达》这一单元内容包括“基因指导蛋白质的合成”和“基因表达与性状的关系”两部分。“基因指导蛋白质的合成”主要涉及基因的转录与翻译过程，教材按照顺序先介绍转录后介绍翻译，并在此基础上提出“中心法则”。“中心法则”从遗传信息传递的角度归纳了转录、翻译及基因的本质等内容，概述了遗传信息的传递规律，渗透了生命的信息观。“基因表达与性状的关系”则通过实例引导学生理解基因如何通过控制酶的合成或蛋白质的结构来控制生物体的性状，同时引导学生从基因表达的层面对表观遗传现象做出合理解释，进一步认识生命是物质、能量和信息的统一体。

2.《课标》要求

《课标》对本单元的要求是："概述 DNA 分子上的遗传信息如何通过 RNA 指导蛋白质的合成，理解细胞分化的本质是基因选择性表达的结果，以及生物的性状主要通过蛋白质来表现。同时，概述某些基因中碱基序列不变但表型发生改变的表观遗传现象。"

3. 学情分析

学生通过对必修 1《分子与细胞》内容的学习，已经能够从结构与功能相适应的角度，解释细胞由多种多样的分子组成，这些分子是细胞执行各项生命活动的物质基础；并能建构和使用细胞模型，从系统的角度阐明细胞各部分结构通过分工与合作，在细胞核的控制下，形成相互协调的有机整体，实现细胞水平的各项生命活动。他们了解了生命是物质与能量的统一体。但对于细胞核如何控制生命活动，以及遗传信息在生命系统中的作用，尚不能从本质上进行阐释。因此，本单元的教学旨在在学生原有物质观、能量观的基础上，进一步带领他们体会信息传递在生命活动中的重要作用；逐步认识生命是物质、能量、信息的统一体，提升对生命本质的理解；并在选择性必修 1《稳态与调节》内容进一步学习的基础上，逐步形成完整的生命信息观。

基于以上思考，笔者提炼出本单元的学习主题为"从遗传信息传递的角度认识基因的表达"。

该主题引领学生从信息传递的角度认识基因的转录与翻译过程，理解基因、蛋白质、性状之间的关系，实质是在核基因的指导下，遗传信息通过控制蛋白质来体现性状的过程。进一步体会生命是物质、能量、信息统一体的观点，真正理解细胞分化是基因选择性表达的结果，以及基因碱基序列不变但表型改变的表观遗传现象也与遗传信息的传递有关，从而从本质上理解基因控制蛋白质的合成过程。并围绕主题将教材中的内容有机构建，形成对核心概念的理解，将零散的知识结构化，让知识变得灵动有活力，赋予其灵魂。如此，学生才能通过制作吸烟与健康宣传海报等活动，关注遗传信息的修饰对生命活动的影响，养成良好的生活习惯，真正实现深度学习。

（2）单元学习任务的确定。

任务型教学以任务为核心，以任务为分析单位来实施教学。因此，任务的设计成为任务型教学的重要环节，对任务进行可行性分析，设计恰当与合理的任务关系到教与学的成功与否。任务的设计一般应满足以下 2 个条件。

①设计符合课程标准目标的任务。

教学目标是教学活动主体在具体的教学活动中所要达到的预期学习结果，也可以作为任务完成结果的评价标准，具有导教、导学、导评的功能。设计任务时，教师应从学生学的角度出发，设计具有明确目标的教学活动，以帮助学生在课前主动思考，使学生的学习维持持久的兴趣；同时，能让学生以较大的自由度来选择学习材料和方式方法，从而使学习过程成为学习者主动学习、积极求知的过程。

任务目标既包含利用任务所要达到的知识性教学目标，也应包含任务本身要达到的非知识性目标，如学生操作能力、素养、情感态度与价值观等方面发展的要求。由于教学目标总是承载着一定的教学内容，设计的任务要涵盖某一阶段教学目标所涉及的知识点，考虑大多数学生所具有的知识水平和实现任务的能力，将某一阶段教材内容有机整合成各种任务；同时，教师要在学习总目标的框架上把总目标细化为小目标，并把每一个学习模块的内容细化为容易掌握的小任务，通过这些小任务来体现总的学习目标，让学生感觉有事可做。

另外，教师要根据学生已有知识水平、材料难度、任务的操作性难度等设计适中的任务，最好是与学生生活联系紧密同时又能体现教材内容的可操作性任务；对于较为复杂的任务，要分解为具有难度梯度的系统性和连续性任务，形成具有层次性的任务链以便于操作，以激发学生的学习动机。

②设计具有情境性的、开放性的且互动的任务。

任务设计的一项重要工作是“利于学生自主建构知识的学习环境的设计，包括创设与学习主题相关的情境，提供必要的信息资源以及组织合作学习等”。情境是任务产生和执行的环境或背景条件，创设有利于学习者建构意义的情境是实施任务型教学的重要任务。只有在情境中呈现的知识，才能激发学习者的认知需要和学习动机。因此，在生物学教学中，应充分考虑学生的认知和情感需求，以学生的生活经验和兴趣为出发点，将学习内容与学生生活经验结合起来，创设贴近学生生活实际的情境，尽量让学生在真实自然或仿真的情境中学习，把教学的重心从形式转移到意义上来，以激发学生的真实感受和积极参与的学习兴趣。教师应围绕情境与教学目标设计开放性的任务，这些任务可以是师生互动、生生互动，也可以是学生与学习资源的互动，采用灵活的活动形式。教师作为任务的设计者，通过组织、引导学生的探究活动，帮助和促进学生完成任务，既要让学生“学会”，又要让学生“会学”，并对学生的任务实施过程与结果做出适时与恰当的评价，以促进学生的主动发展；而学生是处在发展之中，具有能动性、自主性和创造性的主体，通过对教学目标的反馈以及师生之间的相互沟通，把教学目标转化为学生自身的学习任务目标，通过教师的引导和帮助以及与他人的交流沟通，树立自主探究、分工合作的学习意识；当然，这种合作互动需要任务具有一定的开放性，体现学科整合，以实现从学科知识本位向学生发展本位的转移。

下面以人教版（八上）第五单元《生物圈中的其他生物》第四章《细菌和真菌》为例，来体会单元学习任务的设计过程。

【案例】

《细菌和真菌》（初中）

（一）分析课程标准，梳理结构关系

本主题教学内容是人教版八年级上册第五单元《生物圈中的其他生物》第四章的教学内容，主要涉及课程标准的具体内容：“细菌和真菌的主要特征”、“细菌和真菌与人类生活的关系”以及“细菌和真菌在生态系统中的作用”，同时还涵盖了生物技术一级主题中的“日常生活中的生物技术”。

1.《课标》具体要求

（1）地球上生活着各种各样的生物，可以根据特征将生物进行分类。

（2）不同类群的生物各有其特征，在生物圈中具有不同的作用，保护生物的多样性极为重要。

（3）举例说出发酵技术在食品制作中的作用。

（4）说明食品腐败的原因；运用适当方法保存食品。

2.《课标》中相关教学指导思想和重要策略

（1）教师应指导学生通过调查、资料收集、处理、交流等活动，帮助学生领悟各类生物和人类生活的密切关系，并积极参与保护生物多样性的活动。

（2）教师应从生活中的生物技术着手，通过各种实验和实践活动，丰富学生对生物技术的感性认识，帮助学生理解生物技术的作用；鼓励学生自主收集资料，分析生物技术对人类社会发展的重要意义和可能带来的其他影响，为学生参与有关的社会决策打下一定的基础。

3.通过本单元的学习，学生在学科素养上应达到以下目标水平

（1）细菌和真菌是生物多样性的重要组成部分，是形成生命观念不可或缺的部分。学生应能够根据形态结构特点区分细菌和真菌，认识与之前学过的动物和植物不同的微观生命形态。

（2）学生应能够在对腐烂现象的本质认识、技术应用过程中，辩证地、理性地看待细菌和真菌对人类生活的影响。在观察和探究引起“腐烂”现象发生的环境条件时，进行客观推理分析，提升理性思维能力。

（3）学生应能够通过探究实验的设计、实施、结果分析及误差分析，提升科学探究能力。

（4）学生应能够理解细菌和真菌在生物圈中所承担的分解者角色，认识到它们在生物圈中具有不可替代的作用，从而激发保护生物多样性的社会责任感。

4. 在通过以上分析之后，对本单元的知识结构和涉及的知识点进行了梳理，如图 3-5 所示。

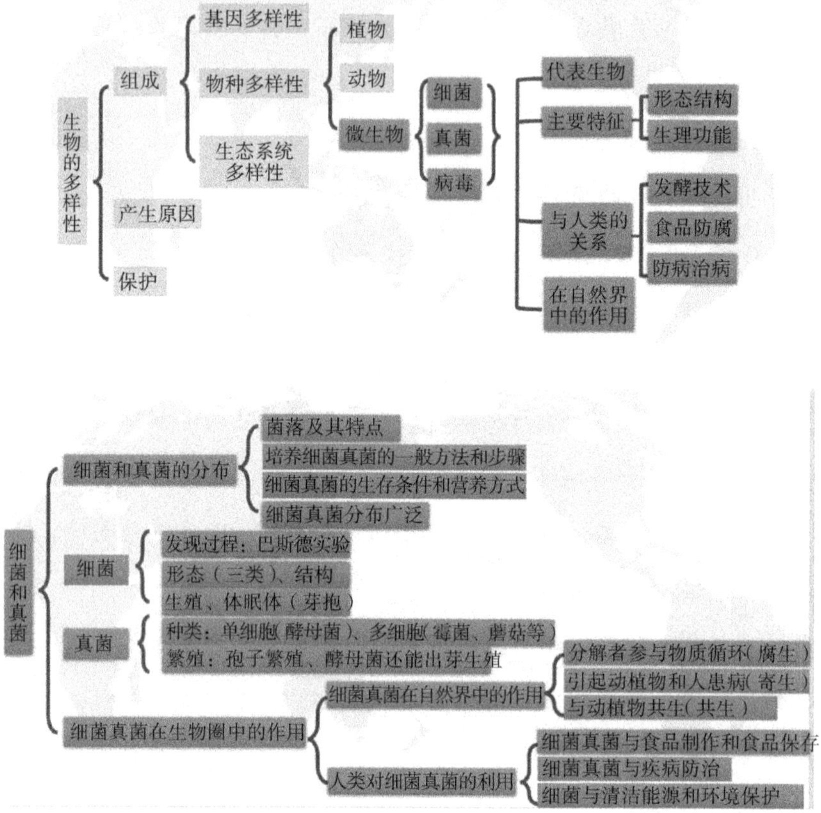

图 3-5 知识结构和知识点梳理

（二）分析学生情况，筛选学习内容

1. 从知识层面分析

在本单元学习之前，学生通过初一年级的学习已从微观层面认识到，除病毒外，生物体都是由细胞构成的，细胞是生物结构和功能的基本单位。但除此结论外，他们大多是从宏观角度认识植物和动物的生命活动。

学生从生活中知道各种腐烂现象与细菌和真菌有关，但并不清楚细菌和真菌为什么能够引起腐烂。具体来说，学生能够说出腐烂食物或物品上有细菌和真菌，但并不理解是细菌和真菌的广泛分布使其有更多机会接触有机物，也不理解细菌和真菌个体微小、能快速繁殖，这些特点与其结构有关，是引起有机物快速分解、导致自然界物质腐烂的重要原因。

2. 从方法层面分析

学生已经具备一定的联系生活经验的能力，但缺少建构系统的意识，即不能将细菌和真菌与生物圈建立系统联系；学生能够熟练使用显微镜，但在制作细菌和真菌的临时装片时还存在一定的困难，对细菌和真菌结构的观察不够细致全面。

3. 从应用层面分析

关于细菌和真菌在自然界中的作用，以及在医药、能源开发、环保等与学生日常生活息息相关的诸多方面，学生对细菌和真菌的利用关注甚少，也不能全面理解腐烂的意义在于细菌、真菌等微生物作为分解者参与了自然界的物质循环过程。

（三）多角度论证，确定学习任务

学生在生活中观察到各种各样的与细菌和真菌活动相关的现象，那么什么是腐烂？为什么会发生腐烂？腐烂在生物圈中有什么意义？这个探究的过程体现了生物科学研究从宏观到微观、从现象到本质的发展过程。腐烂这类生活现象的实质是细菌和真菌在一定环境条件下生长和繁殖的结果。

最终确定学习情境为探究“腐烂现象”。

在对“腐烂现象”探究的过程中，通过任务分解，逐步展开，学生会运用显微观察、微生物取样培养等科学方法，研究并认识微生物的结构。按照探究实验的流程，通过对实验结果的分析，学生将得出引起腐烂发生的内因和外因，并在这个过程中，利用习得的知识和方法进行生产实践，如制作酸奶、腐乳，进行发酵，保藏食物等，从而使学生的实践能力得到一定的发展。学生学习完这个单元后，会对微生物有全面深刻的理解，学生的科学素养得到发展。

无论主题还是任务，都有助于学生形成完整的知识体系，可以促进学生进行团队合作，解决实际问题。注重引导学生进行科学思维与科学探究的培养，注重生命观念与社会责任的培养，为学生学科核心素养的培养奠定基础。

（四）校本化实践过程中的误区和经验

（1）任务与主题不分。将设计的单元学习任务错误地认为是单元学习主题。

（2）同一单元内容与主题可以不同。由于不同教师面对的学情不同，同一教学单元可以组织不同的教学内容，可以确定不同的单元学习主题与任务。

三、素养导向的学习目标的制定

（一）对素养导向的学习目标的认识

学习目标是指学习者在完成一定的教学活动后预期达到的标准，例如学会了多少知识，掌握了多少技能，提升了多少能力，是否通过了某项测试。它是整个教学的出发点，也是整个教学的终点。

核心素养是教育方针的具体化和细化，是对培养目标的整体描述。课程、教材、教学则是落实核心素养的主要载体。基于学科本质的课程目标进一步将核心素养凝练为学科核心素养，即学生修习课程之后应达成的适应个人终身发展和社会发展需要的正确价值观念、必备品格和关键能力，以应对未来社会的挑战和不确定性。以前的‘三维’目标在核心素养层面得以充分整合。

（二）制定素养导向学习目标的意义

深度学习目标属于整个教学设计的核心部分。只有制定正确的深度学习目标，才能够使学生在整个学习过程结束后真正理解、掌握所学内容。

其中，深度学习目标具有导向、激励、评价、调控、交流 5 个方面的功能。导向功能指学习目标对学习者起到引导作用，让学习者能够抓住重点，更好地学习；激励功能指学习目标对于学生来说是一个挑战，能够激励学生产生斗志，激发内部学习动机；评价功能指学习目标是评价学生是否较好地完成教学要求的依据；调控功能指学习目标能够对学习者的学习过程进行反馈，从而对学习者进行调控，促进其努力完成任务；交流功能指学习目标的制定有助于学习者之间以及学习者和教师之间更好地沟通。”

（三）素养导向的学习目标制定的校本化实施

1. 制定素养导向学习目标的方法

从我校深度学习教学模型可以看出，素养导向的学习目标要求具有具体、等级、可观察的特点。其中，“具体”指一个学习目标应当明确学习者在教学结束后所必须要达到的标准；“等级”指在一个单元中，目标的落实是循序渐进的，在不同的学习阶段，某一能力与素养的形成也有阶梯和阶段，要不断地完善所指定的学习目标；“可观察”则便于学生和教师对目标的达成情况进行及时的评价，学习目标是评价学生是否较好地完成教学要求的依据。如能“精确”绘出突触的亚显微结构模式图等，是对学习目标水平的限定。教学目标的陈述要准确，具可操作性，能让教师观测到学生的学习结果。

深度学习的学习目标不是教师主观制定的，而是对学生、教学内容以及活动的关联结果的表述，真正作为引导教学活动、实施持续的教学评价的依据来发挥作用的。其突出特征是从知识到能力、从能力再到素养的目标发展主线。

确定单元学习目标时要考虑 3 个因素。一是和单元主题相关的课程标准要求；二是学科能力发展和核心素养发展的进阶要求；三是学生目前的起点和学生发展需求。

制定深度学习目标的过程包括：首先对照单元学习主题，其次分析课程标准、学生学习情况以及相关教材，再次结合生物学学科核心素养和深度学习领域维度所涵盖的能力，然后论证是否可评价，最后明确深度学习目标。

新课程标准提倡的素养导向学习目标标准包含 4 个关键要素。首先，教学目标应明确指出行为的主体——“学生”的学习成果，例如，使“学生”能够完成某项任务或表达某种观点；其次，教学目标的表述应尽可能具体，使用可观察和可验证的行为动词，如“描述”“识别”“应用”等，以使内在过程得以展现；再次，行为条件，即学生在何种情境或范围内完成任务，例如，“使用提供的材料进行探究”；最后，教学目标的表述应反映学习成果所达到的水平，以便于进行评估。

2. 以“尿液与健康”单元主题素养导向学习目标的制定为例

第一步，在制定单元目标时，分析单元学习主题所涉及的课程标准中的内容要求，初步拟定学习目标。此处拟定的目标主要是知识、能力、情感态度价值观三个方面。需要注意的是，课程标准中的知识目标相对比较具体，而能力目标和情感态度价值观目标则比较隐性，或者完全没有呈现，这要根据教学活动和教学策略来确定。

【案例】

尿液与健康

一、“尿液与健康”单元主题涉及的课程标准内容及要求

1.《课标》内容要求

需要帮助学生形成的重要概念是：人体的结构和功能相适应，各系统协调统一，共同完成复杂的生命活动。（原《课标》：人体组织、器官和系统的正常工作为细胞提供了相对稳定的生存条件，包括营养、氧气以及排除废物。）本单元包括以下 4 个层级。

（1）人体主要通过泌尿系统排出代谢废物和多余的水。

（2）泌尿系统包括肾脏、输尿管、膀胱和尿道等结构。

（3）血液经过肾小球和肾小囊的滤过作用及肾小管的重吸收作用形成尿液。

（4）人体可以通过汗腺排出部分尿素、无机盐和水等物质。

2.《课标》学业要求

（1）描述泌尿系统的构成和功能，初步形成结构与功能相适应的观念。

（2）学会根据尿常规化验的主要结果初步判断身体的健康状况。

（3）运用结构与功能相适应的观念，分析由于机体特定结构受损可能导致的功能障碍或异常行为表现，提出相应的预防措施。

3.《课标》教学提示

（1）教学策略建议。结合生活经验，通过模型或实物展示、材料分析等形式，引导学生识别和推断人体各系统相应结构的功能，帮助其初步形成结构与功能相适应的观念。

（2）情景素材建议。尿常规化验单；血液透析机原理、血液、原尿和尿液的成分。

（3）学习活动建议。观察哺乳动物肾脏的形态结构；收集和分享有关肾透析、肾移植方面的资料。

二、“尿液与健康”单元主题的学习目标（拟定）

1. 知识

（1）学生能够说出人体主要通过泌尿系统排出代谢废物和多余的水。

（2）学生能够描述泌尿系统包括肾脏、输尿管、膀胱和尿道等结构。

（3）学生能够概述血液经过肾小球和肾小囊的滤过作用及肾小管的重吸收作用形成尿液的过程。

（4）学生能够说出人体可以通过汗腺排出部分尿素、无机盐和水等物质。

2. 能力

（1）学生能够学会根据尿常规化验的主要结果初步判断身体的健康状况。

（2）学生能够通过观察哺乳动物肾脏的形态结构，识别和推断人体的结构和功能。

（3）学生能够说出血液、原尿和尿液的成分。

（4）学生能够通过收集有关肾透析、肾移植方面的资料并与同伴分享。

（5）学生能够通过制作肾小球模型，从结构与功能的角度分析肾脏的功能。

（6）学生能够运用结构与功能相适应的观念，分析由于机体特定结构受损可能导致的功能障碍或异常行为表现，并提出相应的预防措施。

3. 情感态度价值观

学生能够初步形成结构与功能相适应的观念，理解各系统协调统一、共同完成复杂的生命活动的重要性。

第二步，分析本单元承载的学科能力发展和核心素养发展的进阶要求，对之前拟定的“三维”目标和学科核心素养进行有机整合，从学科能力和核心素养的角度来描述学习目标。修订之后的学习目标，按照核心素养的要求描述，涉及生命观念（结构与功能观、物质与能量观、稳态与平衡观、进化与适应观等）、科学思维（归纳概括、演绎推理、模型建构、批判性思维、创造性思维等）、科学探究（观察、提问、以多种方式收集数据并记录结果、设计单一变量的对照试验等）、社会责任（辨别能力、生态意识、环保实践、宣传健康、关爱生命等），真正体现素养导向。

【案例】

“尿液与健康”单元主题的学习目标（修订）

1. 生命观念

（1）学生通过观察结构图，描述人体泌尿系统的组成，包括肾脏、输尿管、膀胱和尿道，理解其功能是通过肾脏形成尿液，并通过输尿管、膀胱、尿道排出尿液，以排除废物和多余的水；同时描述其他的排泄途径，如通过呼吸系统排出二氧化碳，通过皮肤排汗排出废物等。

（2）学生能够从水和无机盐平衡的角度认识到人体组织、器官和系统的正常工作为细胞提供了相对稳定的生存条件，包括营养、氧气以及废物的排除。理解各系统协调统一，共同完成复杂的生命活动，形成人体是一个统一的整体的观念。

2. 科学思维

（1）学生通过制作肾单位模型，描述肾单位的组成，并推测尿液形成的过程。

（2）学生能够结合物质变化图，展示并解说肾单位模型，从结构与功能相适应的角度，概述肾小球和肾小囊的过滤作用以及肾小管的重吸收作用形成尿液的过程。

（3）学生能够解读尿液化验单，学会分析数据，并根据结果初步判断身体的健康状况。

3. 探究实践

学生能够制作肾单位模型，并从结构与功能相适应的角度解释尿液形成的过程。

4. 社会责任

学生能学会收集并分享关于肾病发展阶段的资料，解释为何需要进行肾透析、肾移植以及血液透析机的原理。同时，学生能够理解环境、结构、功能之间的关系，提出肾脏日常保健的建议，关注健康生活。

第三步，需要通过访谈、调查等方式了解学生的素养发展起点，进行学生的知识基础分析、认知能力分析、科学探究能力分析等，以明确学生已知的内容，以及还存在问题的方面。这样可以使对目标的描述更加聚焦于学生尚未建立的能力（如归纳概括）和生命观念（如物质与能量观）等，从而避免目标定位过于宽泛和表面化。基于以上的分析，最终确定单元学习目标。

【案例】

"尿液与健康"单元主题的学习目标（最终）

1. 学生分析

根据生活经验，学生知道尿液可以排出一部分身体的废物，并且了解毛细血管由单层细胞组成，具有很强的通透性。在实验能力方面，学生有过观察并解读实验数据的经历。然而，在建构尿液形成的过程以及理解肾脏的结构和功能相适应的观点上，学生存在一定的障碍。虽然他们知道医生可以根据尿液的化验结果判断病人的健康状况，但并不清楚肾脏的结构和功能与人体的健康密切相关，因此不太关注泌尿系统的卫生健康。

2. 学习目标

（1）学生通过观察结构图，描述人体泌尿系统的组成，包括肾脏、输尿管、膀胱和尿道，并理解其功能是通过肾脏形成尿液，再通过输尿管、膀胱、尿道排出尿液，以排除废物和多余的水；同时描述其他的排泄途径，如通过呼吸系统排出二氧化碳，通过皮肤排汗排出废物等。

（2）学生通过构建关系图，从水和无机盐平衡的角度认识到人体组织、器官和系统的正常工作为细胞提供了相对稳定的生存条件，包括营养、氧气以及废物的排除。理解各系统协调统一，共同完成复杂的生命活动，形成人体是一个统一的整体的观念。

（3）学生通过制作肾单位模型，描述肾单位的组成，并推测尿液形成的过程。

（4）学生通过拼贴物质变化图，展示并解说肾单位模型，从结构与功能相适应的角度，概述肾小球和肾小囊的过滤作用以及肾小管的重吸收作用形成尿液的过程。

（5）学生通过解读尿液化验单，学会分析数据，并根据结果初步判断身体的健康状况。

（6）学生通过分析图文信息，解释肾单位结构病变的一些原因以及对功能的影响，进一步理解尿液形成的过程和意义。

（7）学生通过收集并分享关于肾病发展阶段的资料，解释为何必须进行肾透析以及血液透析机的原理，并能够从环境影响生物、结构影响功能的关系出发，提出肾脏日常保健的建议，关注健康生活。

3. 重点难点

（1）通过构建关系图，从水和无机盐平衡的角度认识到人体组织、器官和系统的正常工作为细胞提供了相对稳定的生存条件，包括营养、氧气以及废物的排除，并形成人体是一个统一的整体的观念。

（2）通过制作肾单位模型，描述肾单位的组成，并推测尿液形成的过程。

（3）通过拼贴物质变化图，展示并解说肾单位模型，从结构与功能相适应的角度，概述肾小球和肾小囊的过滤作用以及肾小管的重吸收作用形成尿液的过程。

（4）解读尿液化验单，学会分析数据，并根据结果初步判断身体的健康状况。

（5）通过分析图文信息，解释肾单位结构病变的一些原因以及对功能的影响，进一步理解尿液形成的过程和意义。

（四）校本化实践过程中的误区和经验

作为深度学习教学改进项目第一批实验校，自2014年至今，我校生物组经过了多年的实践，发现在深度学习目标制定的校本化过程中容易出现如下问题。

（1）对学习目标理解不到位，对单元目标和课时目标之间的关系理解不准确。需要在不断实践中深化理解，结合《课标》、内容、学情制定合适的学习目标，借助导航图实现单元目标与课时目标的统一。

（2）对学习目标的描述未能明显体现素养导向。在实践和学习中理解学科本质，以核心素养为“北斗七星”指引学习方向。

（3）由于对学情把握不准，学习目标描述不够聚焦于学生需要发展的具体能力和素养。建立核心素养分级体系，通过访谈、问卷、课堂观察等方式准确把握学生的增长点，并遵循一定的范式准确写出学习目标。

（4）单元学习目标的检验、修订和完善不够充分。开放研讨，发挥学科备课组的力量，共同打造学习共同体。

四、挑战性学习任务制定

（一）对挑战性学习任务的认识

深度学习力求学生在教学中积极参与、全身心投入，获得健康发展的、有意义的学习过程。有意义的学习，从国家层面在于能体现国家意志，立德树人；从学生发展层面在于能培养学生适应未来社会的能力，以素养为目标导向培养人；从学科学习的角度看，学生能够理解并应用学科基本概念，具备基本的学科能力。什么样的任务可以称为挑战性学习任务呢？

挑战性学习任务，能够将课程育人目标和学科教学建立联系。学生通过个人或小组学习共同体完成挑战性任务的过程，就是应用学科概念及学科技能综合解决问题的过程，在此过程中实现学科所承载的素养育人的目的。

挑战性学习任务，能够帮助学生建构起生活中的真实情境与学科概念间的联系。学生的单元学习过程就是在持续深入地理解并解决生活问题的过程，在此过程中通过生活情境吸引学生积极投入，激发学生的内在学习动力。

挑战性学习任务，能够帮助学生将已知和新知建立联系。学生完成挑战性的任务能够唤醒已有的知识和经验，帮助学生在实践任务达成的过程中，建立起概念间的关系，且是在学生原有认知上的再建构再完善，使学生有理解知识和技能的获得感，深度思维与积极创新的成就感。

挑战性学习任务，有助于学生在完成过程中体会到合作学习的价值与意义，即与人合作的愉悦感，以及关注社会、服务社会的责任感。

挑战性学习任务可以是实验、调查、模拟实验、模型构建等活动，从这些活动中发展思维，得出的现象或结果也是论证概念的重要证据，可以使学生应对未来知识日益发展、科技日益复杂与专业化的需求。

（二）挑战性的学习任务在深度学习中的作用

在基于“深度学习”的教学实践中，“挑战性的学习任务”具有非常重要的作用。这个环节是聚焦“引领性单元学习主题”，把“素养导向的学习目标”具体化、情境化、可操作化的重要载体。学习任务的设置是学习主题下整个单元的学习活动，整个单元的学习任务具有一定的持续性和进阶性，需要教师基于学生已有的知识和经验进行设计。深度学习中的“挑战性学习任务”就如桥梁般，起到了重要的载体以及连结作用。

1. 挑战性学习任务把整个单元目标体现出来，一步一步逐渐加深递进，促进学生的发展

基于深度学习的整体设计，是以一个大或小的单元为单位进行的。一个单元的学习目标是多维度的，也是多层次的。而在单元设计中，通过一个个贯穿性的、相关联的、有难度梯度的挑战性学习任务，可以逐步实现深度学习的目标。

【案例】

果蝇体色的鉴证实录

一、学生应形成的重要概念

《生物的遗传和变异》为初中生物学八年级下册内容，《义务教育初中生物学课程标准》（2011 版）中明确要求学生应形成的重要概念有以下 2 点。

（1）生物能以不同的方式将遗传信息传递给后代。一些进行无性生殖，后代的遗传信息来自同一亲本；一些进行有性生殖，后代的遗传信息可来自不同的亲本。DNA 是主要的遗传物质，基因是包含遗传信息的 DNA 片段，它们位于细胞的染色体上。

（2）遗传性状是由基因控制的，基因携带遗传信息是可以改变的。教师可引导学生通过观察动物的生殖与发育过程激发学生的学习兴趣。

在此单元的学习中，教师设置了一系列有助于目标达成的挑战性学习任务。

二、总目标

能够通过观察分析、体验、构建模型等方法理解基因与性状的关系及基因在亲子代间的传规律。

三、子目标

1. 基因与性状的关系

（1）能用遗传学概念（性状）描述生物的各项特征，理解相对性状。

（2）推理、分析得出基因决定生物的性状。

（3）理解基因的显性和隐性与相对性状的关系

2. 基因在亲子代间的传递规律。

（1）染色体、DNA 和基因的关系。

（2）生殖细胞产生过程中染色体是减半的，产生的生殖细胞有多种类型。

（3）精子与卵细胞是随机结合的，在此过程中会形成不同的生物个体。

（4）用所学知识解释变异的发生过程和性别决定。

（5）迁移运用遗传学规律，完成果蝇体色的鉴证实录

四、挑战性学习任务：果蝇体色的鉴证实录

1. 任务 1：观察与分析

观察多种植物、动物，特别是果蝇的相关视频、图片及实物资料，通过对比分析，理解并掌握性状与相对性状的基本概念。

2. 任务 2：构建染色体模型

（1）分组活动。利用不同颜色的扭扭棒作为基因片段的象征，动手制作染色体模型。每组配备 20 支色彩各异的扭扭棒。

（2）教师提示。在模型制作完成后，通过展示和讲解，向同学们阐明染色体、DNA 与基因三者之间的内在联系。基因位于 DNA 之上，在细胞分裂的特定阶段，DNA 通过多重螺旋结构形成染色体。

①染色体与基因。每条染色体上都承载着众多基因，这些基因在染色体上按照直线方式排列。

②染色体与 DNA。染色体是 DNA 分子的主要承载结构。

3. 任务 3：探究基因传递机制

分组活动：推测并模拟染色体携带的基因如何在亲代与子代之间传递。为此，每组将获得 6 支不同颜色的扭扭棒（代表基因）和 6 片不同颜色的纸片（可象征不同的染色体或生物个体）。通过实际操作和讨论，深化对基因遗传规律的理解。

4. 任务 4：孟德尔的豌豆杂交试验

（1）四人一组，用扭扭棒模拟染色体，用纸片模拟基因。

（2）制作 F1 代个体的染色体基因模型。

（3）选出发言人，展示本组模型，向同学讲解本组的模型是制作的。

（4）小组为单位推测并模拟亲本的染色体基因模型。

（5）选出发言人，展示本组模型，向同学讲解本组的模型是如何产生的。

（6）小组为单位推测并模拟 F2 的染色体基因模型。

（7）选出发言人，展示本组模型，向同学讲解本组的模型是如何产生的。

5. 任务 5：完成果蝇体色的鉴证实录

如表 3-1 所示。

表 3-1 果蝇体色的鉴证实录

时间	工作内容	设计意图
实验前	用于实验的果蝇转移到新的培养基	准备好实验用的果蝇
第六天	放出成虫（观察到三龄幼虫后）	确保果蝇未交配
第十天左右	将刚羽化后的成虫麻醉分瓶	获得未交配的果蝇并区分雌雄
第十天左右	合并成虫	准备交尾
第十六天	放出成虫（观察到三龄幼虫后）	观察统计 F1 做准备 防止与亲本回交
第二十天左右	统计 F1 代的数量并进行分瓶	
第二十六天	放出成虫（观察到三龄幼虫后）	观察统计 F2 做准备 防止与亲本回交
第三十天左右	统计 F2 代的数量	

本单元的系列挑战性活动任务也充分考虑到初中学生的认知特点，从图片、视频等直观材料的感知出发，通过模型建构将学生内在的思维呈现出来，有助于学生建构相关概念、体会结构与功能相适应的生命观念。再通过实践性任务，经历实验设计、实施、结果观察、数据统计及分析结论等科学探究过程，在分析、表达交流过程中发展科学思维。通过一系列相关联的、有梯度的活动，达成教学目标。

2. 将教材内容转化为可操作、可参与的学习材料

教材上的学习内容，都是前人已经探究出来的已有知识。学生可以通过阅读教材来获取知识，但在深度探究和参与性方面往往较差。因此，挑战性学习任务的设计，旨在将教材上的学习内容，转变为与学生的经验和认知更加密切、学生更加容易参与的学习活动。

例如：在学习高中生物学“必修 1”模块第 3 章第 2 节《细胞器之间的分工与合作》这一单元时，针对细胞器结构与功能的学习，学生往往探究性和参与性较差。教师通过学习任务的设计，促进学生的参与。学生以小组为单位，每组抽签选择一种细胞器，小组合作，课下通过阅读书籍、查阅资料学习此细胞器的分布、结构和功能，并制作 PPT。在上课时，各小组进行讲解，同时在黑板上绘制该细胞器的结构图。在此任务的驱动下，每个小组都会提前准备，去学习相关细胞器，课堂上的讲解则促进了小组之间的相互学习。学生在这样的学习任务中，不仅学习了细胞器的相关知识，同时也感受到了小组合作学习的意义，通过上台讲解获得了成就感。

3. 体现深度学习的“深”，激发学生全身心地投入学习，理解学习过程，获得素养的发展

挑战性学习任务能够激发学生主动参与学习过程，在学习过程中通过独立思考和探究、与同学的竞争和合作、与老师的交流和沟通等，从而形成生命观念、发展科学思维、提高科学探究能力并形成社会责任。

例如在高中生物学“必修 1”模块第 5 章第 4 节《光合作用与能量转化》的复习课中，为了帮助学生深入理解物质与能量观、结构与功能观，设计学习任务如下。

【案例】

光合作用与能量转化——学习任务

任务 1：回顾光合作用的原理和过程，用图示绘制出光合作用物质变化和能量变化过程。

任务 2：叶绿体的结构适合进行光合作用的特点有哪些？

任务 3：结合数据，运用光合作用原理分析补光对辣椒生长的影响，如图 3-6 所示。

补光处理对辣椒生长发育的影响

补光处理	植株高度（cm）	叶片长度（cm）	叶片宽度（cm）	叶绿素含量（mg/g）	净光合速率（$\mu mol \cdot m^{-2} \cdot s^{-1}$）
不补光	48.67	6.97	3.10	42.53	2.10

注：数据为辣椒生长第 30 天时所测

图 3-6　补光处理对辣椒生长发育的影响

任务 4：结合图 3-7 中的数据分析阳台蔬菜种植，除了补光灯之外，还要考虑哪些因素？为什么？

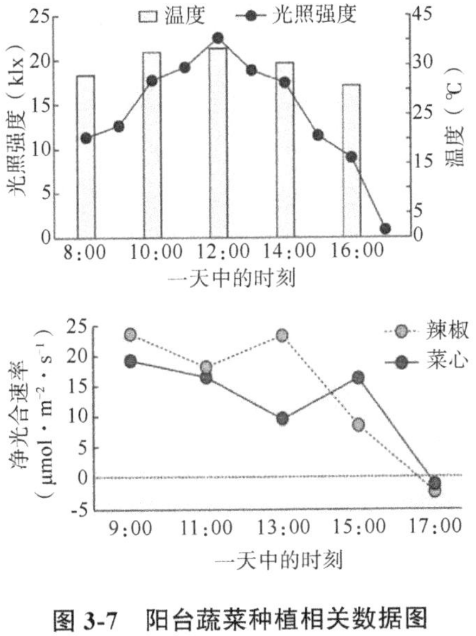

图 3-7　阳台蔬菜种植相关数据图

任务 5：基于以上分析，你还可以提出哪些让阳台蔬菜生长更好的措施？

以上学习任务的设计，以真实情境“阳台蔬菜种植”贯穿始终，从光合作用过程和原理的回顾，到分析叶绿体与光合作用相适应的结构，到分析实验数据进行推测和解释，到构建模型描述外界因素对光合作用的影响，最后应用所学提出解决问题的措施并迁移应用，具有一定的持续性、层次性和进阶性，能够引发学生步步深入地思考。在完成主题引领的单元活动过程中，发展了学生的物质与能量观、结构与功能观，提升了学生逻辑推论、构建模型和归纳概括的思维能力，提高了学生在真实复杂情境中解决问题的能力，进一步理解了生物科学技术的价值，最终实现学业水平的进阶发展。

（三）挑战性学习任务的校本化实施

从我校的深度学习教学模型中可以看出，我们主张在“一镜到底”的单元真实情境下，结合学生的实际情况，设计持续且递进的单元学习任务。

设计深度学习活动应注意以下 3 个方面。第一，紧密围绕深度学习目标，将其作为活动设计的核心要求，确保活动内容能够充分反映深度学习目标；第二，考虑内容的特点及结构，注重整个过程的阶段划分；第三，从多个角度论证活动是否符合多元智能理论，是否适应学生的习惯风格及基础水平。

深度学习活动的设计分为以下 3 个步骤。

1. 结合单元主题和学习目标，分析学习内容

思考如何设计学习任务，来帮助学生实现要达成的学习目标。例如：高中生物学选择性必修 1《免疫调节》这一单元的教学设计，依据核心素养以及学生学情来确定单元的教学目标。高二的学生思维活跃但不能聚焦问题，没有引导则无法深入探究；学生对免疫都有亲身体会，有一定的经验，但是对人体内免疫调节的具体过程的认识非常模糊。因此，在设计学习任务时，就要考虑通过任务聚焦问题，引导学生的思考。本单元的学习重点是免疫调节的具体过程，比较微观，在进行任务设计时，给学生提供真实的情境和一定的资料支持是非常必要的。

2. 设置学习情境，收集学习材料

在教学中，教师可以结合学生的经验和认知，设置真实的学习情境。真实情境的创设可以激发学生的求知欲，调动学生学习积极性，培养学生的自主学习能力，提升生物认知思维。同时可以引导学生逐步分析问题进而探寻解决问题的方

法，学会像科学家一样思考，逐步提高生物学科核心素养。这些情境可能是科研论文、学生真实经历和体验、社会热点。

例如:《免疫调节》这一单元的学习，教师选择与学生生活密切相关的生活情境，结合生活实际，HPV 病毒是人类乳头瘤病毒的简称，感染皮肤和黏膜组织，与生殖道疾病相关，主要通过性接触传播。在性接触过程中，往往会导致黏膜有微小创口，HPV 通过黏膜微小创面进入人体，感染皮肤基底层细胞。然而，当 HPV 持续性感染时，将导致宫颈癌的发生，它是导致女性因癌症死亡的主要原因之一。而 HPV 九价疫苗已经在北京上市，现在已经可以预约并接种。这一疫苗备受关注，同时与青春期的学生也联系紧密，能够引起学生的兴趣以及探究的欲望。

3. 结合收集的学习材料，设计出具有一定层次性的学习任务

在设置具体的学习任务时，可以是问题的思考和讨论，也可以是学生的动手操作。在设置任务时，要提出明确的要求，如将任务以一定的形式呈现出来、完成任务的时间限制等等，以便学生对所要完成的任务更加清晰，更有效率。

例如在《免疫调节》单元学习中，教师结合这一情境，设置了五个学习任务，去激发学生主动学习，进行深入探究。

【案例】

免疫调节——学习任务

1. 学习任务一：探索机体抵御和清除 HPV 的机制

（1）思考。为什么大多数情况下，人体可依靠自身的免疫系统将 HPV 清除?

（2）要求。

①以小组为单位，阅读教材 P35-38 的内容，分析并解答问题。

②在学案上以简图（包含三道防线、免疫细胞、免疫方式）的形式记录你们的讨论结果。

③以小组为单位，对问题的解答进行综合阐述。

2. 学习任务二：探索机体清除HPV的特异性免疫应答

（1）思考。人体第三道防线如何特异性的清除病原体？

（2）要求。

①结合思考题，独立阅读资料，标注有疑问的术语。

②小组讨论，从分子和细胞水平解读机体消除HPV的特异性免疫的机制。黑笔写出参与体液免疫或细胞免疫应答的免疫细胞，箭头表示免疫路径；黑笔在路径图中标明体液免疫或细胞免疫的分子联系。

③组间交流分享并补充完善，进行自评和互评，绿笔标出质疑或不合理处。

④班级交流分享，借助评价量规进行自评和互评。

3. 学习任务三：如何预防宫颈癌的发生

要求。

①结合资料3讨论，注射3次疫苗效果更好的证据，并结合所学解释其原因？

②推测接种过HPV疫苗的个体，在感染HPV后，体内的免疫应答机制；

③组间交流分享，借助评价量规进行自评和互评并补充完善。

4. 学习任务四：总结

结合所学和生活经验讨论女性注射HPV疫苗就可以不得宫颈癌吗？阐明理由。

5. 学习任务五：已经感染致癌类型HPV病毒的患者，可以用HPV疫苗来进行治疗吗？如果你是科研工作者，如何来探究这一问题

要求。

（1）提出你对该问题的观点。

（2）设计实验，并预期结果（5分钟）。

本单元的五个任务，是结合学生的认知，逐步加深的，学生在认识了免疫系统结构与功能的基础上，进行更加深入的探究，从分子水平和细胞水平上自主学

习特异性免疫的过程。结合资料分析讨论宫颈癌的预防，从而落实二次免疫的学习，完善《免疫调节》知识网络，认识到所学知识在生活中的应用。在此活动之后，学生讨论：注射 HPV 疫苗是否就一定不会患宫颈癌？生活中，我们怎样降低 HPV 感染的概率？对于这个问题，学生根据所学知识，结合自己的生活经验来思考讨论，在讨论中，学生认识到健康生活方式的选择对于自己的重要性，并建立保护自己，保护他人的社会责任感。

相较于高中生，初中学生在认知心理特征上的差异，导致学习能力及方式上的不同。尤其是初一的学生，思维的独立性和批判性属于初步发展阶段，在学习中更重经验，且易产生片面性和表面性的缺点。在学习中，筛选能够激发学生兴趣的生活情境，建立起学习内容与原有知识经验的情境、解决实际问题的任务。即通过挑战性学习任务来引导学生讲求证据来支持学科事实、观点或原理，以帮助学生理性思维的发展。

例如七年级下册第四单元第三章《人体的呼吸》单元深度教学中，老师们整合了人体的呼吸和生物圈中植物的光合作用和呼吸作用的生理特性。以当年教学年度常见的“雾霾”这一真实情境，引导学生完成真实的、开放的深度学习任务。

基于对《课标》、学情、教师现有资源的综合分析，教师们对学习单元进行了整体设计。

【案例】

人体的呼吸（初中）

1. 单元学习主题：揭秘生物圈中的气体魔法师（如图 3-8 所示）

生物圈大气中的氧气和二氧化碳处于平衡状态，这与生物的生命活动有关，比如绿色植物的光合作用，生物的呼吸作用，包括人的呼吸。而人之所以能够参与生物圈中碳-氧平衡的原因之一是具有能够与外界环境进行气体交换的呼吸系统。“揭秘”的过程就是在认识人体呼吸系统的结构与功能的过程。当然，“气体魔法师”的能力有限，超出能力范围就会引起自身健康出现问题。

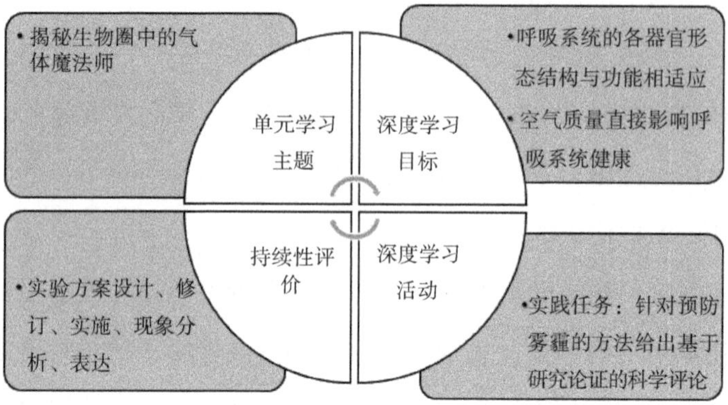

图 3-8　人体呼吸（初中）

2. 设计问题

针对空气污染引发的雾霾问题，人们想出了各种各样的防护办法，这些防护方法有效吗？有没有科学依据来支持该方法呢？这些方法适宜广泛使用和推广吗？

3. 深度学习任务：针对预防雾霾的方法给出基于证据的科学评论

整体设计思路是给予生活中的实际现象，引导学生经历“现象感知-提出问题-做出假设-实验检验-得出结论”的过程，驱动学生科学思维的深度发展，如图 3-9 所示。期望学生能够建立生活现象与科学事实即学习内容间的联系，激发学生学习动力；在进一步的假设验证过程中促进科学思维发展，能够有理有据的去分析解释生活现象。

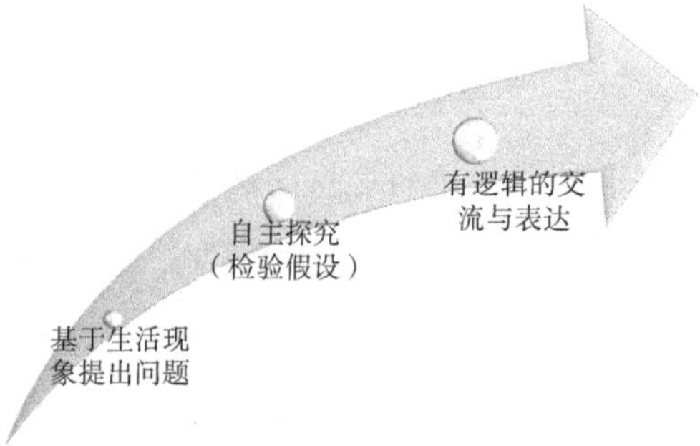

图 3-9　学生经历过程

在学习过程中需要教师给予持续性的引导和支持，但在教学中欣喜地发现，学生在学习过程中，同伴间的互助超出了教师的预期。

（四）挑战性的任务创设的反思与改进

挑战性的任务创设，需要注意以下 3 个方面。

（1）在学习情境的设置上，要针对之前设定的学习目标，与学习的主题密切相关，最好能够与所学的重要概念能联系起来。而且一定是真实的情境，才值得进行探究。

（2）从单元备课的角度来看，学习内容和目标层层深入和提高，最好能够"一境到底"，所有的学习任务围绕同一学习情境，层层递进。如果实在不能够用一个贯穿整个学习单元，可以在大的情景下，补充一些资料和内容。

（3）挑战性学习任务，要能够激发学生的学习探究欲望，但又不能过难或者过易。太难的任务，学生无从下手，影响学习探究的积极性；而太容易的任务，学生又没有兴趣。所以，任务的设置要从学生的"最近发展区"出发，充分调动起已有知识和能力进行学习和探究，进而得到发展。

五、持续性评价的实施

（一）对持续性评价的认识

1. 持续性评价的概述

深度学习主张采用持续性评价，即根据深度学习目标，确定清晰的评价标准，持续性关注学生是否学会和如何学会，同时关注教师的教学设计和行为是否恰当；持续性关注学生的学习过程、学习行为、学习态度等。因此，持续性评价是对教与学过程中的学习活动、学习成果以及学科核心素养等方面的发展所作出的评价。它同时针对学生的学和教师的教，向学生和教师提供清晰反馈的持续过程，以促进学生的深度学习和教师的深度教学。这个过程有三个重要的要素：一是要有基于学习目标的具体、量化、可观察的评价标准；二是学生和教师要有机会接受关于他们在学习活动中和学习活动后的表现及学习成果的反馈；三是学生和教师要有持续总结反思的过程。

2. 持续性评价的内容

持续性评价的角度需要基于证据的推理和判断，证据是关乎学生的学科核心素养是否得到发展、发展了多少的证据。通过持续性评价的导向性和激励性，可以为学生的深度学习活动持续提供清晰的反馈，帮助学生改进学习，同时也帮助教师改进教学。据此，在教学实践中，笔者认为持续性评价的框架体系包括以下四个方面：

（1）基于单元学习目标规划持续性评价。

单元学习目标是教学实践过程中的“灯塔”，是学生完成本单元学习后应该提升的学科能力与学科核心素养。学习目标确定后，通过制定持续性评价的目标，可以对教学过程的评价活动、评价标准、评价工具、评价方式、结果反馈等做出整体的规划。

持续性评价的总体规划应包括如何评价学生核心素养及学习目标的达成情况、需要评价的主要学习活动、通过哪些方式何时进行评价、学生学习效果反馈等。

评价内容应以课程目标、课程内容和学业质量标准为依据，结合具体的教学内容，以生物学大概念、重要概念等主干知识为依托，检测学生生物学学科核心素养的发展水平。深度学习强调学生通过探究、设计、创造来学习，因此，持续性评价学生设计、实施项目和解决问题的能力，可以查验深度学习的效果。

（2）依据学习活动制定持续性评价的要点。

学习活动是实现学习目标的载体，在整体评价规划后，需要针对不同类型的学习活动细化评价目标、制定具体评价要点，使评价工作更具有可操作性，并且对于达成学习目标更加有效。如针对课前测的任务，可以采取不同层次题目的纸笔测验，检验学生对内容的理解和掌握程度，诊断学生的学习起点；如针对挑战性强、综合度高、思维含量高的核心探究性任务，可以通过表现性评价方案实现。表现性评价指的是检验学生在完成真实世界任务时所需要的技能情况。规划方案时要关注学生的行为表现，包括设计、实施实验，撰写论文，展示使用设备，成果展示等，此外还应包括学生的学习态度、语言表达、小组合作等。教师可通过对学情的分析和活动表现的预设，形成评价标准、评估维度及目标达成的层级等。当然，多元主体对标准制定与评价的参与，过程性评价与终结性评价的结合，以及评价结果的及时反馈，都会促使学生在深度学习活动中不断改进，取得更好的学习成果。

（3）实施持续性评价方案。

深度学习中的持续性评价更多的是形成性评价。形成性评价要贯穿学习始终，随教学进程推进，通过评价始终引导学生思考、探究，让学生始终明确学习的目标，并主动监控完善自己的学习进程，引导学习逐级深入。针对相同的学习问题，学生思考的角度和深度不同，教师需要根据即时生成性的信息来判断学生对于生物知识的理解程度，并以此作为反馈信息来针对性地调整自己的教学行为，及时主动地调整教学方案与策略，最终促进学生核心素养的提升。此外，持续评价方案还需要关注学生在学习活动的参与度与积极程度、学生的合作、沟通能力及自主学习能力，通过激励性的语言和个性化的语言激发学生信心和热情，真正实现为促进学生的发展而评价。

（4）反思完善持续性评价的功能及效果。

基于素养的评价意在考量学生为达成相应的学科素养标准而掌握的具体知识、技能情况，因此，反思持续性评价方案是否真正促进了学生核心素养的发展，是衡量其是否可行或高效的最终标尺，也是促进实现教—学—评一体化的保障。其中，学生通过评价方案反思自己的学习是否达到预期标准；教师反思评价方案是否能反映与学习目标的自洽性、是否符合学生的特点（包括学习方式、生理心理发育特点等），评价指标是否在教学过程中可行、易操作且高效，评价的内容是否真正促进了学生观念、思维、能力、素养的提升，评价的方式是否多元立体等，都是我们在进行持续性评价方案后值得反思的角度和方向。

（二）持续性评价的作用

在深度学习的过程中，教师通过真实的问题情境，激发学生持久的学习兴趣。基于学生的兴趣、认知规律甚至认知冲突，设计有层级的、能激发学生理解的挑战性学习活动。持续性评价能有效地促进学生在活动中通过分析思考，不断地对信息或实验证据进行解释、推断、证实或产生构建联系，进而在任务的完成中通过深度探究生成重要概念、提升核心素养。

如果说真实的问题情境是学习的起点，那么想学则是学习动力，学习活动是外显行为，分析思考是内隐行为，持续性评价则是外部支持。这个支持可以来自学习同伴、学习资源或者是教师的指导反馈。这个支持不断地激发学生对问题进行思考，甚至可以产生新的问题。因此，持续性评价是通过理解活动检查学生对一个或多个目标是否理解及其理解的程度，是学习过程中的中心环节。持续性评价镶嵌在教学全过程中，和教师的教、学生的学紧密地交织在一起，相互影响、相互制约。因此，持续性评价既是检验教学效果的重要方式，又可以引导课堂教学改革的方向，对课堂教学发挥“指挥棒”的作用。

（三）持续性评价的校本化实践

《课标》中提到：评价应遵循立德树人的指导思想，重视学生爱国主义情操和社会责任感的形成；评价应指向学生生物学学科核心素养的发展。

生物学科核心素养包含生命观念、科学思维、科学探究和社会责任 4 个要素。如何在教学中培养和提升学生的学科核心素养，需要教师首先找到这 4 个要素之间的主要关系。生命观念是学生通过观察生命现象及相互关系或特性进行解释后，经过实证之后的想法或观点，也是学生需要学习的主干知识。而实证的过程实际要求学生针对生命现象进行观察、提问、实验设计、方案实施、得出结论、讨论和交流，这也是科学探究的实践过程。在这个过程中，学生运用归纳概括、演绎推理、模型或建模、批判性思维等方法探讨生命现象或规律，进而尝试解决生产或生活中的生物学问题，担当或实施自己承担的社会责任。

联系生物学科核心素养和深度学习之间的关系，教师在深度学习教学设计评价的内容要从学生“学”的角度思考：学生学什么知识能促进他们能力的发展？怎么学这些知识能培养他们适应未来社会发展的必备品格？还要设计相应完善的评价体系，激发和促使学生在完成关于生命现象的真实情境中创设（引导学生创设）问题或任务。通过对学生活动、课堂表现、课后作品等进行持续性评价，让学生运用已有的知识和技能，经过分析思考、归纳概括、推理判断，探讨生命现象或生命活动规律，得出正确结论。同时也将零散的、碎片化的知识组织成良好的知识结构，进而提升学科核心素养。因此，在深度学习的教学实践中，可依据深度学习校本模型设计如下评价体系。

1. 基于深度学习目标的持续性评价

深度学习通常是以“单元”为整体进行教学设计，让学生通过完成一个关于生命现象的在真实情境中创设的问题或任务，达成课程目标、课程内容和学业质量标准，并发展能力、培养或提升学科核心素养。所以，持续性评价工作就需要有整体设计，重点检测深度学习目标及学生学科核心素养是否达成。在此过程中，教师可以在深度解构课程标准和教学目标的基础上，让学生理解学习活动背后的目的，通过具体实例帮助学生理解教学设计，进而和学生一起明确、理解课程的学习目标，制定评价标准。在课堂教学和课下访谈或调查中搜集相关信息，用于了解课堂整体和个体学生的学习情况，帮助学生发现自己与目标间的具体差距。通过“找到差距-信息反馈-调整完善-改进提升”的过程，逐渐达成深度学习目标和学科核心素养。在达成学习目标的深度学习过程中，教师要充分认识、尊重学生是认知和学习的主体，要更加关注学生是怎么想的，学生思考过程中哪些可以予以肯定，哪些还可以提升，从而引导学生成为积极合作的学习者，发现学习过程中的价值和贡献。这也是持续性评价的根本目的所在。深度学习目标的评价是评价目标是否具体、有等级、可观察。

【案例】

人体呼吸（初中）（表 3-2）

（1）所用教材：《生物学七年级（下册）》。

（2）深度学习任务：揭秘生物圈中的气体魔法师。

（3）深度学习活动：针对“生活中有关呼吸的行为现象”给出基于研究论证的科学评论，并设计实验对生物学科学事实进行检验。

表 3-2　揭秘生物圈中的气体魔法师单元整体持续性评价

总目标	课时目标（评价任务）	评价标准（学生活动表现水平）	评价及反馈方式
通过实验检验人体呼吸等相关生物学事实或假设，体会呼吸系统各器官的形态结构与其功能相适应，培养科学思维习惯。	1. 第 1 课时：探寻生活中有关呼吸现象背后的生物科学事实	1. 生活现象背后的生物科学事实 （1）能自主通过对“生活中有关呼吸的行为现象”进行观察、分析等学习活动，挖掘有关植物光合作用、人的呼吸等生物科学事实，并描述出人体呼吸系统由呼吸道（鼻、咽、喉、气管、支气管）和肺组成。 （2）能在同学、老师或问题的引领下通过对“生活中有关呼吸的行为现象”进行观察、分析等学习活动，挖掘有关植物光合作用、人的呼吸等生物科学事实，并描述出人体呼吸系统由呼吸道（鼻、咽、喉、气管、支气管）和肺组成。 （3）能在同学和老师的帮助下，通过对“生活中有关呼吸的行为现象”进行观察、分析等学习活动，知道植物的光合作用及人通过呼吸系统进行呼吸等生理活动现象	学案、教师评价
	2. 第 2 课时：初步设计实验方案检验有关呼吸的生物科学事实或假设	2. 初步设计实验方案检验有关呼吸的生物科学事实 （1）能通过小组合作学习，对选定的生物科学事实提出假设并设计合理的实验方案。小组合作学习中分工明确，能清楚描述自己的观点。 （2）能通过小组合作学习，对选定的生物科学事实提出假设并设计实验方案，小组合作学习中分工明确。 （3）能通过小组合作学习，对选定的生物科学事实提出假设并表达出一致的想法	（1）利用小组合作学习评价量规进行自评。 （2）利用科学探究评价量规自评

续表

总目标	课时目标（评价任务）	评价标准（学生活动表现水平）	评价及反馈方式
	3. 第 3 课时：相互质疑修订实验方案，培养科学思维习惯（描述的层次）	3. 修订实验方案，培养科学思维习惯 （1）汇报小组通过合作学习，能有层次的描述自己设计的实验方案，并自主依据他人的质疑和建议修订出可实施的实验方案。其他小组能针对汇报小组的实验方案提出问题或给出合理建议。 （2）汇报小组通过合作学习，能清楚描述自己的实验方案，并能依据他人的建议完善实验方案。其他小组能针对汇报小组的实验方案提出问题或给出建议。 （3）汇报小组能通过合作学习说出自己的实验方案，并能依据他人的建议完善实验方案。其他小组能针对汇报小组的实验方案提出问题或给出建议	（1）学案 （2）利用科学探究评价量规进行小组互评。 （3）利用展示交流评价量规进行小组互评
	4. 第 4 课时：实施实验方案，分析思考实验现象，培养科学思维习惯（观察的顺序、分析的条理、因果的归纳）	4. 实施实验方案，分析思考实验现象，培养科学思维习惯 （1）通过合作学习，能自主选择恰当的实验材料按实验方案进行实验，对实验过程中出现的现象能进行分析思考，归纳因果关系，并调整自己的实验方案，完成实验报告。 （2）通过合作学习，能自主选择恰当的实验材料按实验方案进行实验，在同学或老师的帮助下，对实验过程中出现的现象能进行分析思考，归纳因果关系，并调整自己的实验方案，完成实验报告。 （3）通过合作学习，能自主选择恰当的实验材料按实验方案进行实验	（1）教师评价。 （2）利用实验实施检核表小组自评
	5. 第 5 课时：展示交流，建构与呼吸相关的生物科学事实，形成生物体结构与功能相适应、生物体具有一定的结构层次的生物学观点	5. 构建与呼吸相关的生物科学事实，形成生物学观点 （1）通过交流展示，分析出生物现象背后的原理或规律，并有理有据的描述生物科学事实。 （2）在同学或老师的帮助下，能能分析出生物现象背后的原理或规律，并有理有据的描述生物科学事实。 （3）在同学或老师的帮助下，能说出生物现象背后的原理或规律，知道相关生物科学事实	（1）学案。 （2）利用展示交流评价量规进行小组互评

本案例依据课程标准、学业质量标准及学生的学情，确定了深度学习总目标，并将深度学习总目标拆分为有层级的深度学习课时目标。然后，依据课时目标，明晰了每个目标下学生应该完成的课时学习任务及能达成目标的相应等级，并且公开了基于学习目标的清晰评价标准。本案例的持续性评价有整体设计，贯穿整个深度学习的始终，重点检测深度学习目标及提升学生理性思维和科学探究的学科核心素养是否达成。

2. 基于深度学习活动的持续性评价

在深度学习中，学习活动是课堂的主要部分，它承载了学生学习的过程。学生的认知转变、高阶思维发展及深度学习能力的获得都将在此过程中完成。因此，设计贯穿整个单元学习的评价活动，不仅能促进学生不断地运用从单元其他学习活动中获得的知识和技能进行分析和思考，完成评价任务，而且还可能激发学生产生新的思考。这既帮助学生解决了问题，还使学生的认知变化及思维发展得以外显。这种持续性评价活动是在教学的过程中进行，而不是在教学结束后。评价的重点是学生是否发生深度学习、是否有认知转变及思维发展，而不是评分或划等级。恰当的评价应强调启发性，重点关注核心知识、能力和素养的提升，不需要面面俱到。对于学习活动的达成情况，可以采取自评、互评等方式（自评、互评的评价维度表附后），让学生通过与其他同学的分享和交流，更关注任务的达成情况，而不是等级的划分本身。在深度学习活动中，教师也可以用适当的评价性问题提醒学生建构知识间的关联，帮助学生建立反思习惯。比如，某个活动解决的关键问题是什么？在解决这个问题的过程中用到了哪些之前学习过的内容？完成这个学习活动或任务后又有了哪些新认识？最终能解决哪些问题？通过这样的深度学习活动，帮助学生构建知识框架，重要的是形成解决问题的逻辑，加强和深化解决问题的方法。

此外，在设计深度学习活动的持续性评价过程中，还要关注不同层级学生的目标达成情况，争取通过评价标准的制定采集到更多的学生信息。根据学生对问题的回应判断学生所处的水平，教师在这个过程中更多地承担观察记录、解惑答疑、归纳总结的角色，从而全面、完整地帮助学生实现核心素养的落实和提升。

深度学习活动主要包括探究类活动、实践类活动等。根据不同类型的活动，笔者认为可以有不同的评价维度和指标。

（1）科学探究类活动评价实践。

深度学习通常围绕单元学习主题，基于“生命现象中的真实问题”进行教学活动设计，让学生能积极参与体验和探究，实现“生命现象-发现问题-提出假设-验证假设-得出结论-挖掘生命活动规律（生物学事实或概念）”这一探究学习的思维过程。因此，可以用通用型评价量规对学生科学探究的过程进行持续性评价，如表 3-3 所示。

表 3-3　科学探究评价量规

指标	要素	专家级	助理级	学员级
提出问题	一定情境下提出问题	根据情境提出问题，问题合理，有针对性，适合科学探究	提出的问题有一定的道理，但不适合探究	问题脱离情境，或不恰当
作出假设	假设与问题相关，且有依据	提出 3 个或 3 个以与问题相关的假设，且假设的提出有依据	提出 1~2 个与问题相关的假设。且假设有依据	提出的假设与问题基本上不相关。对提出的假设能说出理由，但不合理
制定计划	材料用具准备	选取的材料与用具与探究活动相关，且实验室中常用易寻。	列出需要的实验材料与用具	实验材料与用具没有列出，或者与本实验研究无关联
	实验设计	实验方案可检验假设；实验设计能够做到：对照实验设计合理；研究条件（自变量）与要探究的问题相一致；能够排除偶然因素的影响	实验方案可检验假设；实验设计能够做到：对照实验设计合理；研究条件（自变量）与要探究的问题相一致；能够排除偶然因素影响	实验方案与假设无关，实验设计混乱
	方法步骤	步骤清晰，表达清楚完整，每一步都详细写明；可操作	实验步骤清晰，表达清楚但有少量步骤缺少；可操作	实验操作步骤含糊不清

续表

指标	要素	专家级	助理级	学员级
实施计划	实验操作	实验操作正确、熟练，现象明显	操作正确，但不熟练，现象明显	实验操作有较多或重大错误
	过程观察与记录	能仔细观察整个实验过程，认真记录有关现象	对细微现象有忽略，认真记录现象	观察不够仔细，粗略记录现象或无记录
得出结论	收集、处理实验结果或数据	观测数据准确，且能用图表等方式直观呈现结果；能根据收集的证据对所有现象作出合理解释或进行推理	观测到的数据能用图表等形式转换；能对重要现象作出解释或者进行推理	数据获取及处理不当；不能解释重要的现象或解释不清楚
	得出结论	在解释现象基础上归纳总结，得出正确结论	结论中有少量错误	结论含糊不清
表达和交流	口头	流利说出探究活动过程，提出自己观点，能认真听取他人的发言，积极与他人探讨问题	简单说出探究过程，能参与到讨论与交流中	对探究过程不能说明，在讨论与交流中明显游离
	书面	书写完整的探究实验报告	实验报告有小部分不够完整	实验报告大部分缺省

此外，当学习主题较为复杂、影响因素较多、动手探究性活动较为困难时，我们也可以基于科学家对生产生活中真实问题的研究进展或研究成果进行整理、改编，设计适合学生参与的可深度探究的单元学习活动。在此过程中，通过主动探究、深度思考，让学生能够基于一定的研究事实构建研究模型、探究生命现象的规律，甚至提出可以继续研究的问题。这也是发展科学思维和科学探究核心素养的重要途径之一。

【案例】

基因突变及其他变异（表 3-4）

（1）所用教材:《生物学必修 2》第 5 单元。

（2）深度学习任务：揭秘先天性睑裂狭小综合征。

表 3-4　揭秘先天性睑裂狭小综合征评价量规

<table>
<tr><th colspan="2" rowspan="2">评价指标</th><th rowspan="2">A</th><th rowspan="2">B</th><th rowspan="2">C</th><th colspan="2">评价方式</th></tr>
<tr><th>自评</th><th>互评</th></tr>
<tr><td colspan="2">信息获取，作出合理假设</td><td>能有目的筛选出需要的有效信息，并基于完成信息作出合理假设</td><td>经过斟酌能筛选出大部分需要的有效信息，并基于大部分信息作出假设</td><td>只能筛选出来少量信息，几乎无法形成独立判断</td><td></td><td></td></tr>
<tr><td rowspan="3">概念构建，观点阐释</td><td>信息应用，模型构建</td><td>充分利用信息进行模型构建即准确显示 3 号异常染色体和正常染色体并演示 3 号正常染色体演变为异常染色体过程</td><td>利用信息进行模型构建即准确显示 3 号异常染色体和正常染色体</td><td>利用信息可区分 3 号异常染色体和正常染色体</td><td></td><td></td></tr>
<tr><td>问题解答</td><td>能正确解答所有问题（综合运用材料信息，进行分析与综合，得出结果或结论，阐明思维过程——论证）</td><td>能正确解答问题 1~3（依据材料中的信息，对给定文字、图像进行描述或转换——解读）</td><td>能正确解答问题 1、2（依据图像特征或属性，确定异同，进行归类——比较）</td><td></td><td></td></tr>
<tr><td>语言表述</td><td>语言表达流畅、精练、准确全面，逻辑性强</td><td>语言流畅，观点阐释不太全面或不太准确</td><td>语言逻辑性不强，不准确的地方较多</td><td></td><td></td></tr>
<tr><td colspan="2">课堂评估</td><td>应用所学知识、方法准确提出解决问题的设想，呈现完整的思维过程——论证和创新</td><td>应用所学知识、方法准确解释新问题产生原因——归因</td><td>应用所学知识、方法得出实验结果给出答案——推理</td><td></td><td></td></tr>
</table>

本案例采用科学探究评价量规，对学生科学探究的过程进行了评价，评价标准清晰，分设不同等级。通过学生自评或互评的方式进行，促进了模型的构建及问题的提出与解决。评价量规可以包含多个维度，如信息获取、模型构建、语言表述、小组合作等，可根据具体活动进行适当调整，目的是让学生更容易达成学

习目标。课堂评估过程也可以根据等级性考试能力要求进行层级界定，比如是达到了理解能力的比较层级还是解读层级；比如是能够依据知识、证据进行推理，还是能够根据结论解释问题的原因等。这些都可以结合教师的教学实践加以补充和完善。

对于主题较为简单但动手探究性活动较为困难的情况，可以设计连贯的系列活动，并通过评价帮助学生完成概念的理解。

【案例】

生物的遗传和变异（初中）（表 3-5）

（1）所用教材:《生物学八年级（下册）》。

（2）深度学习任务：探究“像和不像”的秘密。

（3）持续性评价活动：绘制一个自己喜欢的“纸宠物”，请想象并描述它具有的特征，并展示给自己的小组同学（形式不限）。

接下来，你需要发挥自己的智慧，设想它找到了伴侣，有了自己的家庭，并孕育有后代。假设你现在可以决定它的后代的特征，请你绘制并描述。为了成功完成这个任务，你需要做以下 4 件事情。

①你至少向你的小组同学展示出你的宠物的五个特征，其中包括性别。

②如果你的宠物孕育有 2 个后代，请绘制并描述这两个后代的五个特征，其中包括性别。你可以用不同的符号来代表你要描述的五个特征，例如：A：方形的眼睛（□）B：圆形的眼睛（○）。

③请向自己的小组同学解释它们是怎么获得这些特征的？你要有证据让你的同学信服你的解释。

④最后请向全班同学展示你的“宠物”之家。形式不限。

为了确保活动的有序进行，每节课将进行进度检查。

表 3-5 评价活动的评价标准

活动进度	评价任务	评价内容	评价标准
第一课时	绘制一个“纸宠物”	绘制一个属于你自己的纸宠物，并赋予它五个不同的性状。 （1）A：雌性（♀） B：雄性（♂） （2）A：方形的眼睛（□） B：圆形的眼睛（○） （3）A：圆形的鼻子（○） B：三角形的鼻子（△） （4）A：圆形的耳朵（○） B：三角形的耳朵（△） （5）A：方形脸（□） B：圆形脸（○）	是否能举例说明生物的性状及相对性状
第二课时	确定小宠物每种性状的成对基因	（1）已经制作好你的宠物。 （2）在他的旁边，写上控制每种性状的等位基因组合。用 XX 表示雌性，用 XY 表示雄性。其他四种性状的显性等位基因分别记做：B-b（眼睛形状）、R-r（鼻子形状）、P-p（耳朵形状）、D-d（脸型）	是否能阐述相对性状与成对基因的关系
第四课时	决定你的宠物的后代具有的特征并展示你的宠物之家	（1）现在找一个同学作为你的搭档，而且他（或她）的纸宠物的性别必须与你的宠物性别相反。 （2）假设他们交配产生了 2 个后代，用抛硬币的方式来决定每个亲本传给后代的等位基因是什么。 （3）然后依据得到的性状来制作每个后代模型，并在旁边注明每个性状的基因型。 （4）和搭档一起准备展示你们的宠物之家：把亲本标记成“P”代，把后代标记成“F1”说明宠物家庭的遗传模式	（1）是否能解释性状遗传的实质是控制性状的基因伴随染色体经生殖细胞由亲代传递给子代。 （2）是否能解释在有性生殖的过程中控制性状的成对基因是先分离再自由组合。 （3）是否能说明遗传和变异是生物圈中生命延续和发展的重要途径

本案例的持续性评价活动贯穿整个深度学习的始终。第一课时，通过绘制“纸宠物”的性状，检测学生是否经历了探究生活中的“像”与“不像”的现象，并达成了对生物的性状及相对性状概念的理解，即是否达成了学习目标。第二课时，通过让学生书写“纸宠物”性状的成对基因，旨在检测学生是否能够阐明相对性状与成对基因的关系。而到了第四课时，通过活动评价学生对重要概念的理解深度：性状遗传的实质是控制性状的基因伴随染色体，经生殖细胞由亲代传递给子代；在有性生殖的过程中，控制性状的成对基因是先分离再自由组合。同

时，学生在完成评价活动的过程中，要经历由现象到本质的认知转变，通过推理达成高阶思维的发展。在活动过程中，学生的学习表现及学习成果都会得到及时的反馈，以便学生在学习过程中做出及时调整。

（2）基于实践类活动输出深度学习成果的持续性评价。

在深度学习的过程中，学生通常要在关于生命现象的真实情境中，完成具有挑战性的学习任务，并获得一定的学习成果，如实验报告、观察日志、概念的结构化网络图、宣传手册、产品类成果、辩论赛等。对学习成果的评价可以借助如下评价量规展开，它包含固定的测量层级，并对每一个级别的特征进行详细描述，帮助学生细致理解自己是否达成学习目标及发展和提升空间所在。当然，也可以通过优秀学习成果的展示活动，帮助学生主动思考如何可以做得更好。评价还可以通过自评、互评等方式进行，教师进行总结归纳、引导和提升。学习成果的展示过程本身就是学生达成学习目标的外显过程。有效、科学的评价方式可以从不同角度，如科学性、合作性、创意性、表现性等方面，综合评价学生对学习任务的达成情况。制定评价过程中，要从学生角度出发，做到能引导学生思考，同时真正以学习目标和成功标准为依据。

在此过程中，还需关注不同学生的理解程度和学习技能的差异，尽可能多地覆盖各层级信息，从而帮助教师在教学过程中做出最符合学生情况的决策，提高教学效率。这也有助于教师发现教学盲区，进行合理化改进，实现以评促教。

作业作为课程教学的重要组成部分，对促进学生认知能力提升、发展学生高阶思维，尤其是激发创新意识、引导学生学会运用学科知识和方法解决问题等方面具有重要价值。与传统的纸笔作业相比，综合实践类作业的最大不同主要体现在其应用功能、发展功能和延伸功能方面具有明显优势。它能明显激发学生学习兴趣，提高学生学习主动性，促进学生高阶思维的发展。

综合实践类作业任务多样复杂，没有标准答案。学生完成综合实践作业的质量更适用于使用持续性评价系统来评估。教师需要根据学生的需求，及时提供组织管理、协调支持、反馈，确保持续性评价的实行。

【案例】

种子的萌发（初中）

（1）所用教材:《生物学七年级（上册）》。

（2）深度学习任务：家庭芽苗菜种植。

（3）深度学习成果。

①设计制作的芽苗菜种植器

②低成本高产量种植的芽苗菜（种植过程及成果展示）

深度学习成果评价，如表3-6和表3-7所示。

表3-6 展示交流评价标准

指标	精英级	专家级	学员级
报告深度	覆盖核心内容	能够基本覆盖重要内容	不能挑选出重要内容进行宣讲，没重点
直接指向挑战任务（问题）	完全掌握这一主题的相关知识，所引用的材料或证据是有质量保证的	掌握这一主题的核心知识，所引用的材料或证据基本完整	这一主题的核心知识有缺失
团队合作	所有的团队成员都直接或间接地参与了汇报过程	呈现出大多数团队成员都直接或间接地参与了汇报过程	只呈现出少部分团队合作的证据
与听众的互动	引发听众投入参与，听众进行积极的眼神交流	听众能听明白，大部分时间能够与听众进行眼神交流	宣讲方式单一，不注重听众的感受和反馈，听众不愿意听讲
表现性	专业，富有创意，运用了多媒体等方法来增强报告效果	专业，清晰，主要通过PPT的运用来增强报告效果	紧张，专业术语使用不恰当，靠文字形式呈现内容，效果一般

表 3-7　芽苗菜种植器评价标准

指标	普通家用	尚可用	待改进
科学性	能够满足种子萌发及芽苗生长的需求；芽苗生长空间够；融入其他学科概念，如工程技术、物理、数学等	能够满足种子萌发的条件，对芽苗生长高度考虑不足；融入其他学科概念	条件设计不利于种子的萌发和芽苗生长；种子萌发率低，芽苗长势差
实用性	操作简便，可重复使用，易保存	操作简单，可重复使用，不利于保存	不可重复使用，操作烦琐
使用说明	1. 设计图标注结构和功能 2. 使用步骤条理清晰、直观、易懂	1. 阅读量大，能看懂	1. 过于简单或者看不懂
效益	1. 作品制作材料环保、易得到，成本投入低 2. 种植器空间利用率高，芽苗菜产出量高 3. 售卖芽苗菜后，除去成本，净收入高	1. 作品制作材料易得，环保性欠缺考虑，成本投入低 2. 种植器空间利用较高，芽苗菜产出量较高 3. 售卖芽苗菜后，除去成本，净收入较一般	1. 作品制作使用的材料超出普通家庭适用范围，成本较高 2. 种植器空间利用率低，芽苗产出少，芽苗质量差 3. 售卖芽苗菜后，除去成本，净收入较低或有亏损
创意性	1. 造型美观，制作精细 2. 设计通过自动或智能化控制，满足种子萌发、芽苗生长所需的条件 3. 具备更多的功能，如饱满种子的分选功能等	1. 造型美观 2. 日常管理方面，能够节省人力	原有材料的形态，加工粗糙

本案例的学习成果评价标准，是在学生初步制定的评价标准基础上修订而形成的。学生在依据评价标准完成项目学习的过程中，需先从项目的真实任务出发，思考该项目要完成的具体事项（任务），再进一步思考完成这些任务需要考虑哪些因素，解决什么样的生物学问题，最后将项目拆解为几个可完成的重要子任务。在实践过程中，学生会不断发现问题，比如黄豆种子萌发过程中的腐烂问题，不同种子萌发所需水量不同的问题，芽苗生长所需空间的问题，种子密度的问题，以及处理实验数据的问题等。为了解决这些问题，他们需要依据学习成果的评价标准，不断改进自己的芽苗菜种植器，从而完成种植器的更新迭代。在学

习成果中，包含对芽苗菜效益的评价。学生从核算成本到卖出芽苗菜的过程中，还需要计算效益，寻找买家，推销产品，才能完成低成本高产量种植芽苗菜的项目任务。总之，对学习成果的持续性评价能够促进学生在面对不同挑战时逐渐成长为更强大的学习者。

【案例】

细胞的基本结构

（1）所用教材：人教版 生物学必修 1 第 3 章。

（2）深度学习主题：细胞是复杂而精巧的生命系统。

（3）深度学习活动，如图 3-10 所示。

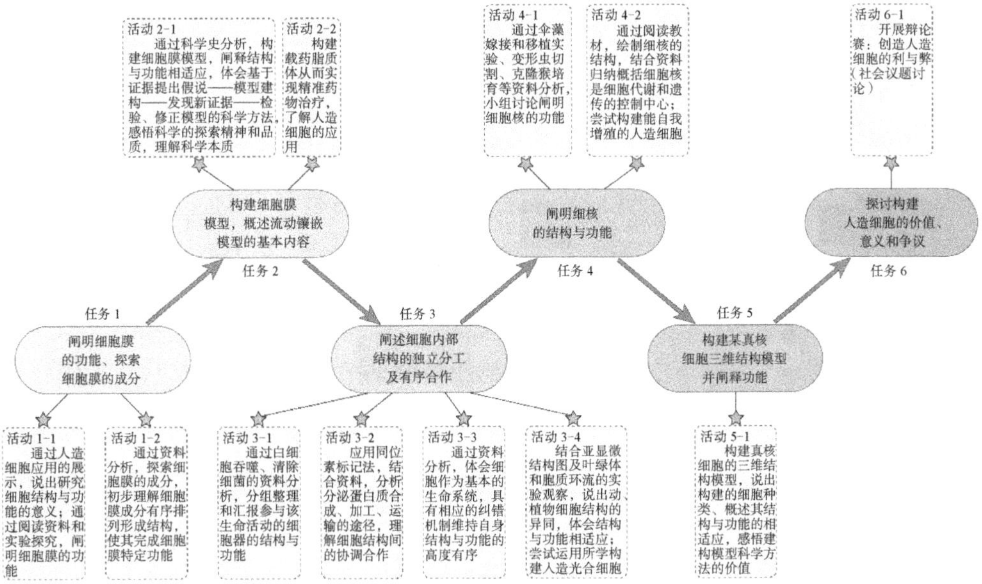

图 3-10　深度学习活动

（4）深度学习成果：设计人造细胞及人造细胞利大于弊还是弊大于利的辩论赛。

深度学习评价如表 3-8 所示。

表 3-8　辩论赛机制及评价标准

辩论过程	评价标准	学生互评（60 分）	教师评价（40 分）
查阅和整理资料的成果	丰富且条理清晰		
辩词的准确度以及临场应变能力	能规范遵循辩论流程		
	立论：论点明晰，论据充足，引证恰当		
	攻辩：提问简明，表达清晰，论证合理而有力		
	自由辩论：能有效抓住对方漏洞，驳论精到		
	总结陈词：语言表达清晰流畅；层次清楚，逻辑严谨；质疑对方，强化本方并首尾呼应		
倾听别人的观点	能尊重对方辩手请记录主要观点		
交流与反思	能与其他同学分工合作		
	能分析辩论过程中的差错及原因		

本单元的任务设计及持续性评价体系设计思考如下。本单元沿着学生对细胞这一生命系统的认识逻辑展开，将学习新知、建模实践和开放性辩论活动有机整合，旨在引导学生结合持续性评价体系，在完成挑战性任务的过程中不断反思、联系社会、学以致用。本单元的学习成果通过每一部分任务中设计有特定功能的人造细胞过程充分体现，特别是最终通过“人造细胞利大于弊还是弊大于利”的辩论赛来体现。在此过程中，学生充分运用所学，结合单元学习材料，查阅大量文献资料，最终才能呈现一场精彩的辩论。笔者具体是如何设计的呢？人造细胞话题的选择来源于学生在第一章了解到人造生命后展开的激烈讨论，很多学生开始追问并关注人造细胞的应用和设计。因此，单元起始时，笔者的团队就进行了问卷调查。通过调查显示，绝大多数同学都了解一些人造细胞的应用，将近 90% 的学生认为人造细胞的利大于弊。通过任务前置，清晰阐释比赛机制及评价标准，激发学生动力，引导全员参与搜集素材。本单元的教学中，我们有意识地回避了对于人造细胞可能存在风险和争议的直接讨论，给学生留下了足够的探讨空间。这类任务特别需要老师把握方向和节奏，更多的时候需要老师和团队一起通

力合作，推进任务进行，比如约定讨论内容和审稿时间等。

本单元第一部分“认识系统的结构与功能”包括任务1~4。在认识系统的每一部分后，我们都设计了相应的评价性学习任务：结合资料设计或解读一类人造细胞，比如活动2-2的载药脂质体、活动3-4中构建人造光合细胞、活动4-2中构建自我繁殖的人造细胞，引导学生学以致用，并深化社会责任感。第二部分“制作模型加深对系统的理解”对应任务5，该任务是构建真核细胞的三维结构模型并阐释其结构与功能，引导学生通过构建模型的方式加深对系统的理解，进一步体会结构与功能相适应，同时，模型和建模的科学思维在此也得到了提升。第三部分“应用模型设计人工系统”对应任务6，该任务是应用模型设计人工系统并开展探讨争议的辩论活动。越来越多的科学家关注人造细胞这个领域，也不断设计出不同种类、功能日益复杂的人造细胞。然而，科学技术是一把双刃剑，学生在认识人造细胞应用的同时，也应关注其所带来的社会问题、伦理问题等。在学生参与社会议题讨论的过程中，能运用所学从多个角度认识问题，并科学、有逻辑地表达自己的观点。综合性任务的完成，使得教师和学生都可以借助评价量规对学生的学习活动进行更精准的评估。结合持续性评价体系，学生逐步完成了从形成概念到构建概念关联，再到形成观念，最后应用观念解决问题的学习过程。最终，通过辩论赛的形式进一步输出学习成果。

深度学习是在学科核心素养的引领下进行单元教学。围绕学科核心概念，从学生认知规律出发，整合教学内容，挖掘贯穿整个单元关于生命现象的学习主题，设计有梯度、多形式的挑战学习活动，让学生在学习活动中对事实进行解释、推断、证实或产生事实之间的联系，进而完成对任务或问题的探究，并生成学科重要概念。因此，通过对深度学习单元重要概念梳理总结的评价，能促进学生由掌握零碎的知识，转变成为用知识系统（如概念图或思维导图）构建起核心概念及概念之间的联系，让学生的认知改变看得见。单元重要概念梳理总结可以用通用型评价量规进行评价。

【案例】

概念梳理类活动案例：被子植物的一生（初中）（表 3-9）

（1）所用教材：《生物学七年级（上册）》。

（2）深度学习主题：从种子到种子的生命历程。

（3）深度学习成果：单元概念网，如图 3-11 所示。

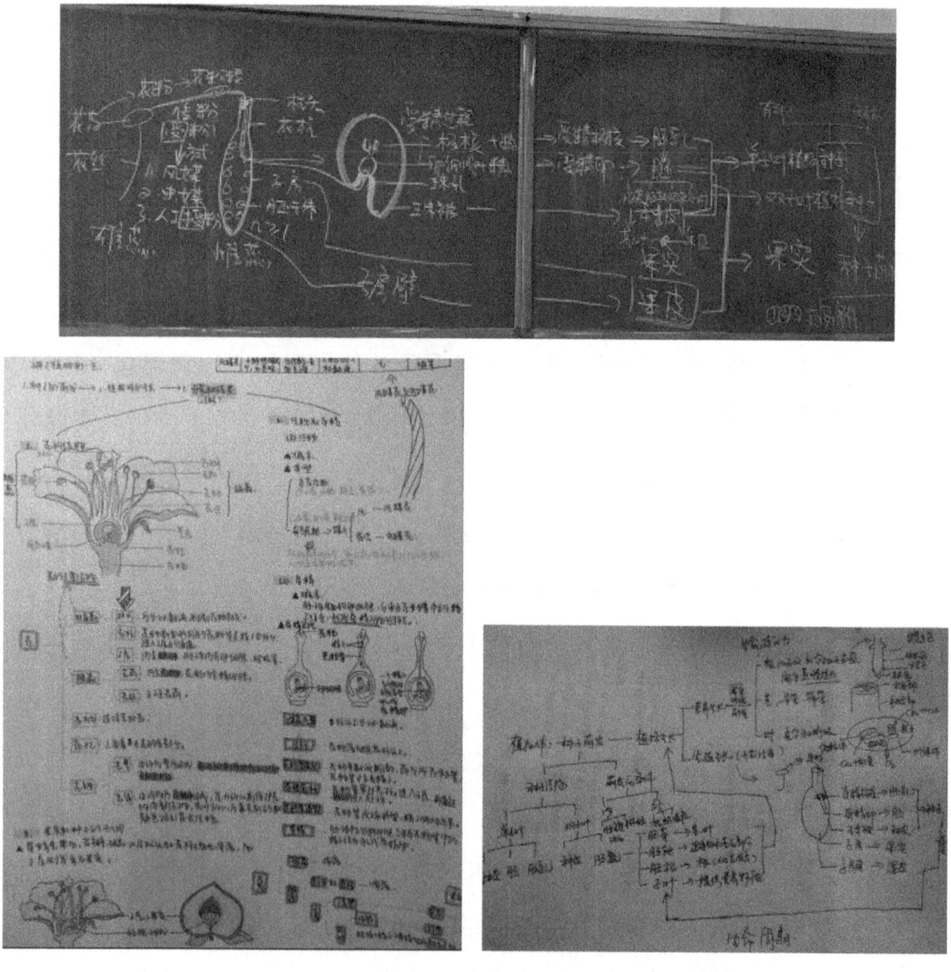

图 3-11　单元概念网

表 3-9　单元梳理总结评价量规

评价项目	评价等级以及标准			评价方式		
	A（9~10 分）	B（6~8 分）	C（4~5 分）	自评	互评	师评
单元知识点和概念	能准确描述单元所有的知识点和概念，并能勾画出重要知识点和重要概念	能准确描述单元重要的知识点和重要概念	仅能描述单元一部分知识点和概念			
知识或概念之间的联系	能建构知识或概念之间的联系，并能清晰的用概念图、思维导图、漫画等形式呈现知识和概念之间的包含或因果关系	能建构知识或概念之间的联系，并能用概念图、思维导图、漫画等形式呈现	仅能将知识或概念按照一定的关系进行罗列			
生物学观点	能通过分析单元的生物学事实、知识或概念之间的联系阐明其蕴含的生物学观点	通过单元学习仅能认同相应的生物学观点	不能形成生物学观点			
单元学习心得或反思	通过单元学习能从知识、能力、素养等方面进行总结和反思，说出自己的收获、想法或提出建设性的建议	通过单元学习能从知识、能力、素养等方面等某个方面进行总结和反思，说出自己的收获	没有单元学习的心得或反思			

对深度学习单元重要概念梳理总结的评价，给了学生持续总结反思的学习机会，促进了学生理性思维的形成和提升。

【案例】

综合实践作业类案例：了解生物圈（初中）（表 3-10）

（1）所用教材：《生物学七年级（上册）》。

（2）深度学习主题：制作生态瓶，模拟水生生态系统。

表 3-10 《生态瓶的制作》单元科学探究评价量规（节选）

指标	要素	专家级	助理级	学员级
提出问题	一定情境下提出问题	根据情境提出问题，问题合理，有针对性，适合科学探究	提出的问题有一定的道理，但不适合探究	问题脱离情境，或不恰当
作出假设	假设与问题相关，且有依据	提出 3 个或 3 个以与问题相关的假设，且假设的提出有依据	提出 1-2 个与问题相关的假设，且假设有依据	提出的假设与问题基本上不相关，对提出的假设能说出理由，但不合理

3. 基于深度学习的小组合作持续性评价

《生物课程标准》倡导探究性学习，引导学生主动参与、勤于动手、积极思考，逐步培养学生收集和处理科学信息的能力、获取新知识的能力、分析和解决问题的能力，以及交流与合作的能力。

深度学习通常需要学生在真实的情境中，针对生命现象进行观察、提问、实验设计、方案实施、得出结论、讨论和交流等。而这些活动很难由一个学生独立完成，且学生之间层次各异，有的学生理论知识较强，有的学生动手能力突出。通过小组合作式学习，每个学生都承担着一定的学习任务，从而产生了学习的责任感。因此，小组合作学习是深度学习中非常重要的学习方式。通过小组成员的自评和互评，是促进学生高效学习的重要保证。下面，笔者给出了合作学习的评价量规，如表 3-11 所示。结合不同的学习任务，可以在此基础上进行补充和完善。小组合作学习完成之后，学生也可以进行持续性评价，如表 3-12 所示，对合作学习过程进行自我反思。

表 3-11 小组合作学习评价标准

项目		★★★	★★	★
合作效果	有实质性进展，有价值的成果出现，出色完成任务，有创新			
小组分工	根据成员的不同优势承担任务，各成员都出色完成自己的任务			
合作态度	愿意参与到学习中，能帮助其他成员，体现协作精神，关系融洽			

续表

项目		★★★	★★	★
小组交流	小组交流热烈，通过讨论得到新方法			
自我评价	自己积极参与合作，出色完成任务			

表 3-12　学生持续性评价

项目	1	2	3
我（我们）所做的有利于我们更好地完成任务的三件事是什么			
用描述性语言总结你对团队的胜利作出的努力			
哪些行为有助于我们下一次做得更好			

反思促发展，这也是教-学-评-体化重要价值的体现。小组学习完成后，通过反思，引导学生关注成功，可以增强信心、积累经验；同时，描述努力过程可以进一步引导学生更加关注任务的完成过程，从中收获做事方法和升华情感；反思问题则可以指明前进的方向，有利于在情境复杂的创新性活动中逐步完善与提升。

（四）困难与挑战

目前，虽然深度学习中对于持续性评价环节逐渐受到重视，但如何更高效地促进师生共同发展，仍缺乏深入探讨。对于持续性评价，不同书籍和文献中说法各异，缺乏统一的评价体系和对应的理论依据。同时，从目前国内已有成果来看，仍缺乏深度学习与课堂教学相结合的实证研究。本书旨在在教学实践和改进案例的基础上，提出持续性评价的框架体系及研究维度，包括针对深度学习目标和不同类型的挑战性学习活动等方面，以供教育同行教学参考。学生在完成挑战性学习任务的过程中，持续性评价可以帮助检验学习成果并引导学习方向，同时也是对教师设置单元学习目标及学习主题、评估教学效果、进行教学改进和反思的重要手段。

然而，由于教学实践有限、教学时长限制，以上案例中的教师收集学生学习表现的相关资料还不够完善，对学生提供客观全面的综合评价可能还需要更多过程性评价证据。书中提供的持续性评价维度可能不足以涵盖所有类型的学习活动和任务，进一步充分构建和完善持续性评价体系还需要更多的教学实践和探索。

以上的教学案例也只是笔者在深度学习的校本化实践中的一些尝试。在实践过程中，确实遇到了很多问题和挑战，如：教学目标设定后，如何针对特定的单元科学地设计持续性评价方案？持续性评价可针对深度学习的哪些维度？持续性评价如何螺旋式上升，进而推动学生核心素养的发展？持续性评价的效果如何通过数据、模型等方式进行更准确的评估？

第四章　单元教学设计的整体案例与实践

本章将以完整的案例呈现深度学习教学实践中，教师作为教学设计者，在单元教学中为促进学生深度学习需要思考的角度和问题。

一、案例一：腐烂现象（初中）

（一）教学内容基本信息

（1）学科：生物学。

（2）实施年级：八年级。

（3）课程标准模块：《生物的多样性》。

（4）使用教材：《生物系八年级》人民教育出版社（2013 年 6 月第 1 版）。

（5）单元名称：细菌和真菌。

（6）单元课时：5 课时。

（二）单元教学规划

1. 主题名称

主题名称：腐烂现象。

2. 主题概述与学习内容分析

课例教学内容主要为《义务教育生物学课程标准（2022 年版）》课程内容（二）：生物的多样性。根据《课标》学业要求，学生通过学习能够“对于给定的一组生物，尝试根据一定的特征对其进行分类”“分析不同生物与人类生活的关系，认同保护生物资源的重要性”。“腐烂现象”为主题的教学是基于深度学习理论而设计和实施的单元整体教学。

学生在生活中观察到各种各样的和细菌真菌活动相关的现象，那么什么是腐烂？为什么会发生腐烂？腐烂在生物圈中有什么意义？这个探究的过程体现了生物科学研究从宏观到微观、从现象到本质的发展过程。腐烂这类生活现象的实质是细菌和真菌在一定环境条件下生长和繁殖的结果。在探究腐烂现象的过程中，学生将会运用显微观察、微生物取样培养等科学方法，按照探究实验的流程，通过对实验结果分析得出引起腐烂发生的内因和外因，并在这个过程中利用习得的知识和方法进行生产实践，如制作酸奶、腐乳；进行发酵；保藏食物等，从而使学生的实践能力得到一定的发展。

本主题教学内容是人教版八年级上册第五单元《生物圈中的其他生物》第四章的教学内容，该内容主要涉及课程标准的具体内容“2.3.2 细菌是单细胞生物，无成形的细胞核”、“2.3.3 真菌是单细胞或多细胞生物，有成形的细胞核”和“2.3.4 有些微生物会使人患病，有些微生物在食品生产、医药工业等方面得到广泛应用”。

（1）《课标》中相关学业要求如下。

①对于给定的一组生物，尝试根据一定的特征对其进行分类。

②分析不同生物与人类生活的关系，认同保护生物资源的重要性。

（2）学生活动建议。

①调查当地食物菌的种类及生产情况。

②观察酵母菌、霉菌。

③练习制作面酱或酸奶等发酵食品。

④探究食品保存的方法。

其中必做的是观察酵母菌、霉菌。

（3）从《课标》对本部分学习内容要求及学业要求可知内容。

①本部分内容包括细菌和真菌的分布、形态结构、生长繁殖等生命活动、在

生物圈中的作用及与人类生活的关系。同时《课标》中还指出学生通过观察、培养、探究、制作等学习活动获取上述知识。因此该主题的学习能够培养“生命观念、科学思维、探究实践、态度责任”等生物学科素养。

②细菌和真菌在生活中广泛分布，与人们的关系密切，如在食品加工与储存、医药卫生、环保与能源领域都有广泛的应用。设计联系实际、综合问题解决为核心任务的教学以，有助于将上述不同素养进行整合培养，有助于教学目标的高效落实。

（4）通过本单元的学习，学生在学科素养上应该达到以下水平。

①能够根据形态结构特点区分细菌和真菌，能够认识与之前学过动物和植物不同的微观生命形态。细菌和真菌是生物多样性的重要组成部分，是形成生命观念的不可或缺的部分。

②能够在对腐烂现象的本质认识、技术应用过程中辩证地、理性地看待细菌和真菌对人类生活的影响。在观察和探究引起“腐烂”现象发生的环境条件时，进行客观推理分析，提升学生的科学思维。

③能够在基于假设的探究实验设计、实施、结果分析、误差分析中提升探究实践能力。

④能够理解到细菌和真菌在生物圈中所承担的分解者的角色，在生物圈中具有不可替代的作用，激发保护生物多样性的社会责任感。

（5）围绕以上想法构建的本单元教学设计导航图，如图 4-1 所示。

3. 主题学情分析

（1）基于学科核心素养的学生发展点分析。

①科学知识。在本单元学习之前，学生通过初一年级的学习已从微观层面认识到生物体除病毒外都是由细胞构成，细胞是生物结构和功能的基本单位。但是除此结论外大多是从宏观角度认识植物和动物的生命活动。学生从生活中知道各种腐烂现象与细菌真菌有关，但并不清楚细菌和真菌为什么能够引起各种腐烂。

具体来说，学生能够说出带来的各种腐烂食物或物品上有细菌和真菌，但并不理解是细菌和真菌广泛分布使其有更多的机会接触有机物，不理解真菌细菌个体微小，能快速繁殖，引起有机物快速分解，与其结构有关，是自然界物质腐烂的重要原因。

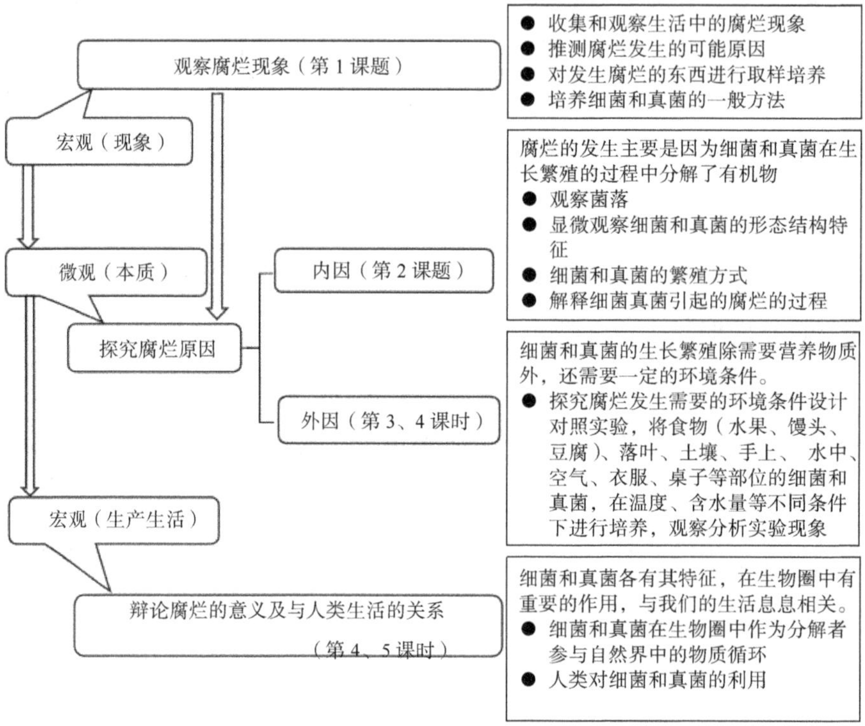

图 4-1　本单元教学设计导航图

②科学方法。学生已经具备一定的联系生活经验的能力，但是缺少建构系统的意识，即不能将细菌和真菌与生物圈建立系统联系；学生能够熟练使用显微镜，但制作细菌和真菌的临时装片还存在一定的困难，对细菌和真菌结构的观察不够细致全面。

③在生产和生活中的应用。对细菌和真菌在自然界中的作用，人类在医药、能源开发、环保及其他与学生日常生活息息相关的诸多方面对细菌和真菌的利用

关注甚少，也不能全面理解腐烂的意义主要是参与了自然界的物质循环过程。

（2）基于前测的学生学习起点的分析。

本单元主题内容开始之前，对学生学习的需求进行了调查，学生探究的欲望集中在以下 3 方面。①为什么会腐烂？②什么情况下会发生腐烂？③腐烂有什么意义？

（3）基于学生学习障碍点的分析。

探究过程中对细菌和真菌的收集与培养，利用显微镜观察细菌和真菌时，对细菌和真菌结构的辨别都存在一定的障碍，比较细菌和真菌的菌落特征时，比较的角度会比较单一，概述的特征会不够全面。建构概念图分析腐烂发生的过程会有一定的困难。

4. 开放性学习环境

教室有多媒体数字平台，师生关系融洽，学生可以自由表达自己的观点。

（三）素养导向的学习目标

1. 学习目标

（1）能够按照“宏观—微观”的顺序，感知到细菌和真菌的存在和分布。通过观察、对比动、植物细胞结构，认识到细菌和真菌形态、结构、生殖方面的特点。据结构与功能相适应的生物学观点，推理分析出细菌和真菌能够在生物圈中承担分解者的角色——生命观念和科学思维。

（2）能够分析“细菌的发现”科学史，体会实验设计思想；能够设计实验验证腐烂现象发生的原因是细菌和真菌在生长繁殖过程中分解有机物所致，且需要适宜的环境条件。提升实验探究能力和理性思维——科学思维和探究实践。

（3）能够从多角度、多层次、较全面地看待自然界中细菌和真菌的作用。了解细菌和真菌在医药、能源开发、环保及其他与人类日常生活息息相关的诸多方面的作用，辩证看待细菌和真菌与人类生活的密切关系——生命观念和态度责任。

2. 学习重点和学习难点

（1）学习重点。

①收集培养细菌和真菌，显微镜观察细菌和真菌结构特征进而理解细菌和真菌的特征决定了它能够承担生态系统中分解者的角色，并对其他生物产生重要影响。

②用画图、构建概念图的形式描述细菌和真菌的特征及其作为分解者分解有机物的过程和对其他生物产生重要影响。

（2）学习难点。

用画图、构建概念图的形式描述细菌和真菌的特征及其作为分解者分解有机物的过程和对其他生物产生重要影响。

（四）挑战性学习任务

1. 任务1：观察生活中的腐烂现象探究腐烂发生的过程

（1）活动1：收集生活中的腐烂东西，提出关于腐烂现象的问题。

看自然界中枯枝败叶经过一段时间就腐烂了，食物放久了也会腐烂，还有很多这样类似的现象，大家对于这个现象有什么疑问吗？

（2）活动2：观察细菌和真菌。

对老师提前培养的一些腐烂食物表面的细菌和真菌菌落进行观察分析，区分细菌和真菌。

（3）活动3：培养细菌和真菌。

①学习细菌和真菌培养的一般方法。

②制定探究实验计划，对自己带来的腐烂食物表面的细菌和真菌进行取样培养。

2. 任务2：探究腐烂发生的过程

（1）活动1：归纳学生关于腐烂现象产生的核心问题。展示关于腐烂现象的问题，归纳核心问题。

①为什么会腐烂？

②什么情况下会发生腐烂？

③腐烂有什么意义？

（2）活动2：显微观察细菌和真菌的形态结构特征，解释发生腐烂的过程。观察并解释真菌细菌引起的腐烂的过程。具体要求如下。

①腐烂后食物发生了变化，推测其上生长的是什么。

②显微观察细菌和真菌的装片，画出细菌和真菌的特征，用绘画等形式呈现你理解的腐烂的过程。汇报交流。

3. 任务3：探究腐烂发生的外界环境条件

（1）活动：设计对照实验，对不同地方的细菌和真菌进行取样，并在不同的条件下进行培养。

①制定实验计划。

小组讨论：细菌和真菌的生活需要什么条件？设计水、温度等不同条件下的对照实验方案。

②实施实验计划。

在保存完好的苹果、香蕉、梨等水果的表面进行细菌或真菌的取样并进行培养。将馒头、豆腐切块，进行直接培养。落叶、土壤、手上、水中、空气、衣服、桌子等地方的细菌和真菌进行取样培养。对以上取样的细菌，设计对照实验，在温度、含水量等不同条件下进行培养。

4. 任务4：探究腐烂发生的环境条件及腐烂在生物圈中发生的意义

（1）活动1：观察实验现象，分析腐烂发生的环境条件。观察上节课培养的细菌和真菌，分析腐烂发生的条件——内因、外因。

（2）活动2：辩论腐烂在生物圈中的意义——“腐烂好不好”。

（3）活动3：结合课堂所学和资料，综合解释抗虫棉的遗传现象及棉铃虫高峰期，抗虫蛋白高表达的原因？

（4）活动4：通过“结合本节课所学内容，制作吸烟对人体影响的宣传海报”。认识到个人的生活习惯等会通过表观遗传，影响到自身以及下一代的健康，从而树立科学的生活观念，形成良好的生活习惯。

5. 任务5：辩论腐烂对人类生活的影响，了解人类对腐烂发生过程的应用）

活动：分析腐烂对人类生活的影响及人类在生产生活中的对腐烂发生过程的应用。从人类的角度，有没有一些具体情境中，我们需要腐烂现象的快速发生，或者要抑制这种现象的发生？这对于人类来说是必要的吗？

（五）持续性学习评价

1. 任务1：诊断学生对细菌和真菌的认识水平（结构—功能—关联）

（1）评价任务目内容：能够按照“宏观—微观”的顺序，感知到细菌和真菌的分布和存在。通过观察、对比动、植物细胞结构，认识到细菌和真菌形态、结构、生殖方面的特点。据结构与功能相适应的生物学观点，推理分析出细菌和真菌能够在生物圈中承担分解者的角色。

（2）评价方式：能通过观察、绘画理解细菌和真菌的结构特征决定了它能够承担生态系统中分解者的角色，并对其他生物产生重要影响

2. 任务2：诊断学生科学探究能力水平（假设—实验设计—结果分析—得出结论）

（1）评价任务目内容：能够分析“细菌的发现”科学史，体会实验设计思想；能够设计实验验证腐烂现象发生的原因是细菌和真菌在生长繁殖过程中分解有机物所致，且需要适宜的环境条件。提升实验探究能力和理性思维。

（2）评价方式：能够在科学探究过程中提升自身的科学素养。

3. 任务3：诊断学生综合实际问题解决能力水平（多角度—系统—关联—辩证）

（1）评价任务目内容：能够从多角度、多层次、较全面地看待自然界中细菌和真菌的作用。了解细菌和真菌在医药、能源开发、环保及其他与人类日常生活

息息相关的诸多方面的作用，辩证看待细菌和真菌与人类生活的密切关系

（2）评价方式：能够阐述细菌和真菌在自然界物质循环中的作用。能辩证地看待细菌和真菌与人类及其他生物生活的关系。能将习得的有关细菌和真菌的科学知识运用到生产和生活中。

（六）反思性教学改进

1. 优点

本单元教学从核心知识、学习方法、呈现形式、学习目的和意义四个维度设定核心的教学目标，每一个维度都针对核心概念的理解，从而形成螺旋式加深的理解过程，学习目标的设定是有深度的。同时，在教学中，腐烂话题贯穿整个单元，揪着问题--细菌和真菌的结构特点和其引起腐烂有什么关系，引发学生不断思考重要概念。在问题的贯穿和引领下，学生借助探究技能解决生活中的现象，探究其背后的本质原因。另外，在课程进行过程中，学生生成新的问题，学生再进一步进行实验设计并进行探究，形成良性解决问题的循环。而且，通过多样的学习方式和评价方式，能兼顾到了各种学习特点的学生，希望使每个水平的学生都能够得到一定程度的提高。

2. 改进

设计更加多元并贯穿单元始终的评估活动，而不仅仅是零碎的、片段的评价过程。

（七）课时教学设计示例一：第 2 课时

1. 课时主题

课时主题：探究腐烂发生的过程

2. 课时教材分析

细菌、真菌作为生态系统中的分解者，能让食物腐烂和它的结构、功能有直接关系。利用显微镜观察细菌和真菌的装片认识细菌和真菌的形态、结构；观察食物腐烂的过程，认识细菌、真菌的营养方式等，深入认识关于细菌、真菌的基

本知识。为后面学习理解细菌、真菌在生物圈中的作用做好铺垫。

3. 课时学情分析

学生已经熟悉了解腐烂的过程，对大部分细菌、真菌的营养方式有一定的认知，但对细菌、真菌形态、结构较为陌生。结合生活现象，借用显微镜进行观察能较好地了解细菌、真菌的形态、结构和繁殖方式。

4. 课时学习重点和学习难点

（1）学习重点：细菌、真菌的形态、结构特点以及它们的营养方式。

（2）学习难点：细菌、真菌细胞结构特点，繁殖方式，细菌、真菌细胞与动植物细胞的比较区分。

5. 课时学习目标

（1）理解到细菌和真菌的特征决定了它能够承担生态系统中分解者的角色，并对其他生物产生重要影响。

（2）通过理解观察与思考、实验、建立联系等方法，有利于理解细菌和真菌的特征决定了它能够承担生态系统中分解者的角色，并对其他生物产生重要影响。

（3）理解并能用画图的形式描述细菌和真菌的特征及其作为分解者分解有机物的过程和对其他生物产生重要影响。

（4）理解细菌和真菌各有其特征，在生物圈中有重要的作用，与我们的生活息息相关。

6. 课时教学过程

（1）活动或任务。

①展示探究问题，明确探究目标。

②显微观察细菌和真菌的形态结构特征，解释发生腐烂的过程，理解细菌和真菌的特征决定了它能够承担生态系统中分解者的角色，并对其他生物产生重要影响。

（2）教学具体描述。

展示学生们收集的腐烂现象照片及疑问，归纳出核心问题，如腐烂的原因、条件及意义。明确本节课的探究目标为腐烂现象的发生原因，并据此实施探究计划。探究活动一要求观察并解释由真菌和细菌引起的腐烂过程，具体包括：根据腐烂后食物的变化推测其上生长的微生物，通过显微镜观察细菌和真菌的装片，描绘其特征，并用绘画等形式展示对腐烂过程的理解，最后进行汇报交流。学生需准备腐烂的食物样本、自己接种培养的菌落、细菌和真菌的永久及临时装片作为探究资料。

7. 课时评价要点

学生用肉眼和显微镜观察装片，进行对比，分别实现从宏观到微观对微生物的认识；自己制作装片观察的学习和永久装片观察进行对比，实现对微生物形态结构初步感知到准确把握；最终，学生的呈现也从不同的角度理解了细菌真菌和腐烂的关系。

8. 课堂实录

在课前，同学们纷纷提出了关于“腐烂”现象的疑问，其中“为何会腐烂？”成为大家关注的焦点。基于各自的生活经验，同学们初步假设腐烂现象与细菌和真菌的生活活动有关。为验证这一假设，老师引导同学们深入探究细菌和真菌如何引发腐烂。接下来的活动中，同学们将观察并解释由真菌和细菌导致的腐烂过程，具体要求包括：观察腐烂后食物的变化，推测其上生长的微生物种类；通过显微镜观察细菌和真菌的永久装片及自制的临时装片，描绘出它们的特征，并用绘画等形式展示对腐烂过程的理解，随后进行汇报交流。

同学们在显微镜下仔细观察了细菌和真菌的永久装片，观察了它们的形态结构；同时，他们还观察了腐烂的食物，并从这些食物或培养的菌落上取材，制作临时装片进行显微观察，以对比认识细菌和真菌的形态结构。基于这些观察，同学们思考了细菌和真菌与腐烂发生的关系，并绘制了腐烂过程的示意图。整个观察活动用时 15 分钟。

随后，同学们展示了自己绘制的图表，详细解释了腐烂的过程。他们主要阐述了以下 3 点：细菌和真菌数量众多，个体微小，繁殖迅速；这些微生物易于扩散，繁殖速度快，会吸收大量营养；在生活过程中，细菌和真菌会分解有机物，从而引发腐烂。

针对部分同学观察不清的情况，老师展示了课前制作的装片照片，其中包括放大 400 倍的细菌和真菌图像，以及真菌和细菌大小的对比。照片中清晰可见大量的微小真菌孢子和一些形态特殊的细菌（正在进行分裂生殖），这反映了微生物的繁殖特点：通过孢子生殖和分裂生殖迅速繁殖，需要大量营养来支持其生长，这些营养来源于食物等有机物。当有机物被分解时，食物就会发生腐烂。通过老师的讲解，同学们深刻理解了腐烂发生的内在原因。

9. 课时教学板书设计

教学板书如图 4-2 所示。

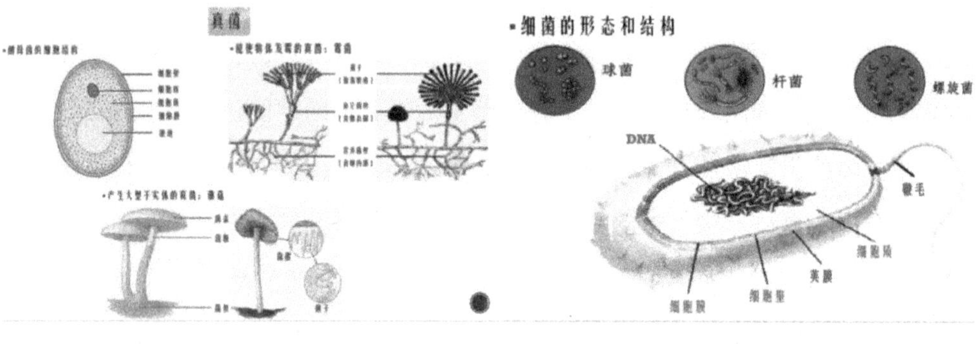

图 4-2　示例一：第 2 课时教学板书

10. 课时作业设计

继续补充绘制细菌和真菌的形态结构，绘图解释真菌细菌引起的腐烂的过程。

11. 课时反思性教学改进

（1）优点。从生活现象和学生问题中剥离产生，深入学生生活和思维，因此是课堂课外的有机统一。

（2）不足。这节课素材较多，完成这些任务时间较紧张。学生的自我反思做得不够充足。

（3）改进。要加学生的分工合作能力，提高课堂时间利用率。

（八）课时教学设计示例二：第 4 课时

1. 课时主题

课时主题：探究腐烂发生的过程

2. 课时教材分析

细菌、真菌分布广泛，为了更好地了解它们，抑制腐烂，需要了解它们的生活条件、繁殖所需环境条件等。本课时通过实验探究，对不同环境中的细菌和真菌进行取样并在不同的条件下进行培养，总结并认识细菌、真菌的生活、繁殖所需的基本环境条件。

3. 课时学情分析

学生已经熟悉培养细菌、真菌的一般方法和流程，但未能了解其中所提供的环境条件的原理。

4. 课时学习重点和学习难点

（1）学习重点：细菌、真菌的生活和繁殖所需条件。

（2）学习难点：

①细菌、真菌的生活和繁殖所需条件。

②部分细菌会在环境恶劣时形成休眠体——芽孢。

5. 课时学习目标

（1）细菌和真菌的特征决定了它能够承担生态系统中分解者的角色，并对其他生物产生重要影响。

（2）设计对照实验，对不同环境中的细菌和真菌进行取样，并在不同的条件下进行培养。认识到细菌和真菌的生活和繁殖需要一定的环境条件

6. 课时教学过程

（1）活动或任务。

设计对照实验，将食物（各种水果、馒头、豆腐）、落叶、土壤、手上、水中、空气、衣服、桌子等地方的细菌和真菌，在温度、含水量等不同条件下进行培养。

（2）教学环节描述

探究活动 2 聚焦于科学探究“腐烂”现象的第二部分。首先提出问题：是否只要有细菌和真菌存在，就一定会发生腐烂？接着作出假设：不一定会发生腐烂。为了验证这一假设，学生们开始制定实验计划，通过小组讨论明确细菌和真菌生存所需的条件，并设计了一系列对照实验方案，涵盖了水、温度等不同条件。

在实施实验计划阶段，学生们在保存完好的苹果、香蕉、梨等水果表面进行细菌和真菌的取样，并进行培养。同时，他们还将馒头、豆腐切块，进行直接培养。此外，学生们也从落叶、土壤、手上、水中、空气、衣服、桌子等多个地方取样细菌和真菌进行培养。最后，针对这些取样的细菌，学生们设计了对照实验，在温度、含水量等不同条件下进行培养，以全面探究腐烂现象的发生条件。

7. 课时评价要点

本核心活动探究了影响腐烂发生的外界环境因素，是腐烂发生的外因，让学生完整的体验了科学探究的过程，同时也让学生理解了腐烂的发生与细菌和真菌的广泛存在也密切相关，细菌和真菌的生活与人类生活密切相关。

评价标准：分工明确，履行职责；细菌和真菌培养规范的操作过程；是否设计了对照实验。

8. 课堂实录

在上一节课中，教师带领同学们对生活中屡见不鲜的腐烂现象进行了深入的科学探究，并提出了核心问题：为何会发生腐烂？同学们回应道，是细菌和真菌在物体表面分解有机物导致了腐烂的发生。教师进一步追问，是否凡是有细菌和真菌存在的地方就必然会发生腐烂？同学们给出了否定的回答，有的同学以手上的细菌和真菌为例，指出尽管存在这些微生物，但手并未腐烂；另一位同学也补充道，即使有细菌和真菌，如果没有提供它们繁殖所需的充足营养物质，腐烂也不会发生。于是，老师肯定了大家的假设：有细菌和真菌存在的地方不一定发生腐烂。为了验证这一假设，老师提议按照探究实验的流程，以小组为单位，针对腐烂发生的环境条件制定实验计划。同学们随即展开小组合作，用时 5 分钟制定了实验计划，并进行了交流展示。课前，部分同学已经从落叶、土壤、手上、水中、空气、衣服、桌子等多处采集了细菌和真菌样本，接下来，同学们就按照实验方案对这些取样的细菌和真菌进行了为期 15 分钟的接种培养。老师最后总结道，细菌和真菌在生物圈中普遍存在，但它们的生活确实需要一定的环境条件。

9. 课时教学板书设计

教学板书如图 4-3 所示。

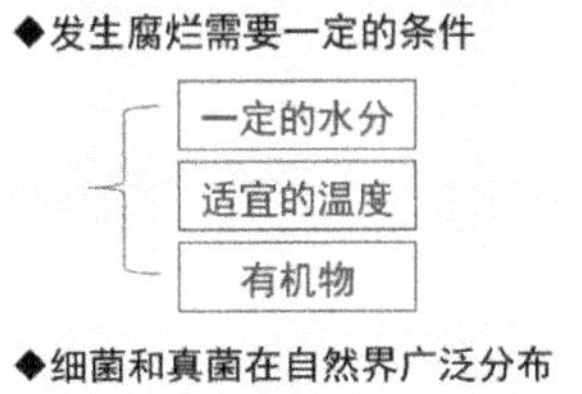

图 4-3　示例 2：第 4 课时板书设计

10. 课时作业设计

课时作业设计如图 4-4 所示。

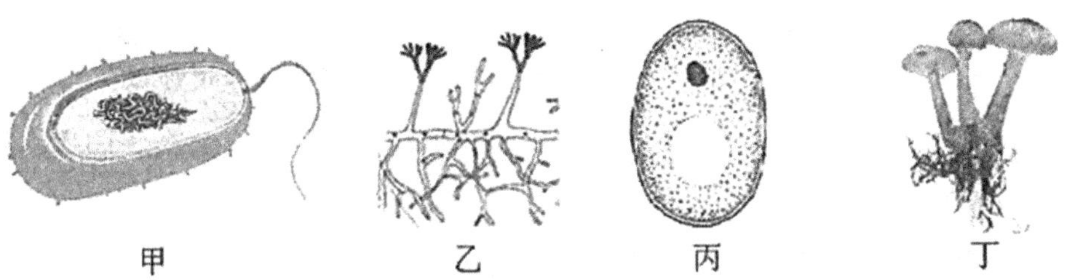

图 4-4　课时作业设计

（1）以上四种微生物在细胞结构上都具有__________________，而它们都没有_________，只能利用现成的有机物生活，营养方式是_________。但乙、丙、丁均是真菌，与甲相比，最大的区别是细胞内有_______________________，因此属于_________生物。

（2）乙是霉菌的一种，在显微镜下观察它的_________呈青绿色、排列成扫帚状，据此判断它应是青霉菌。

（3）丙是酵母菌，属于___________细胞生物，营养物质丰富的情况下会通过___________生殖的方式进行繁殖，在已经学习过的动物类群中，___________也是通过这种方式进行繁殖的。

（4）丁是蘑菇的结构模式图，与乙都属于_________细胞真菌，由丝状细胞组成的_________构成，都可以通过产生_________来繁殖后代。

11. 课时反思性教学改进

（1）优点。基于《课标》对重要概念理解的要求和实际生活中的腐烂现象，实现从宏观到微观对微生物的认识；自己发现问题提出问题，再通过探究实验解决问题，使学生主动参与其中，主动学习，深度认识理解从细菌真菌和腐烂的关系，引发学生不断思考重要概念。

（2）不足。学生实践操作中的细节处理能力欠佳。

（3）改进。从多环节、多角度加强对学生活动的关注和指导。

二、案例二：从信息传递的角度认识基因的表达（高中）

（一）教学内容基本信息

（1）学科：生物学。

（2）实施年级：高一年级。

（3）课程标准模块：《遗传与进化》。

（4）使用教材。《生物学高一年级》人民教育出版社（2019 年 6 月第 1 版）。

（5）单元名称：基因的表达。

（6）单元课时：4 课时。

（二）单元教学规划

1. 主题名称

主题名称：从信息传递的角度认识基因的表达。

2. 主题概述与学习内容分析

生命是物质、能量、信息的统一体，生命活动离不开信息。生命的信息观是建立在信息作为生命的组织形式的重要作用基础上的。基因的表达就是在分子水平上遗传信息通过转录、翻译等遗传信息逐步传递的过程，以及通过这些过程的调控，最终实现对代谢过程和发育过程的控制。

本单元的设计紧紧围绕粮食减产的一个主要原因虫害问题，提出如何让棉花自身获得抗虫的性状的问题。围绕本问题提出，导入抗虫棉的是 Bt 抗虫基因为什么得到的却是抗虫蛋白。基因是如何指导蛋白质合成的？抗虫基因指导合成了抗虫蛋白，抗虫蛋白与抗虫性状是什么关系？为什么根、茎、叶上抗虫蛋白的表达会有差异？以及如何在虫害高峰期抗虫蛋白高表达？将本单元内容构建成一个整体。

在分析是什么？为什么？怎么样？思维层层递进的深度思考过程中实现了对基因指导蛋白质合成过程知识的结构化。学生在回答怎么样问题的时候，要能从生命的本质是化学变化的过程出发，结合化学反应的场所、条件、原料、产物几个方面进行思考，并从细胞作为最小的生命系统的观点出发，得出整个过程是细胞各个结构的分工合作，共同配合才实现了这一功能的。而这个过程信息的传递是基础。正是这种调控才使生物体成为一个有机的统一的整体。内外因素的调控使基因表达发生变化也是整体性的体现。

因此，在必修一生命的物质观与能量观认识的基础上，本单元用信息学中的知识指导教学，通过信息观构建生物大概念，在概念的形成过程中，领会并应用信息观解释有关生物学问题。在生命信息观的统领下，学生用信息观解释生物学现象，掌握分析生物学问题的科学方法。

本单元内容结束后通过“吸烟对人体影响的宣传海报制作”。要求学生从外界环境对基因选择性表达的影响与调控知识进行解释。在迁移应用中实现对本单元内容的掌握情况及用信息观科学分析生物学问题的方法进行评价。

3. 主题学情分析

（1）学生已有知识。

①通过初中及前 3 章的学习，学生已初步形成了染色体、DNA、基因和蛋白质等基本概念，对基因是什么以及基因决定生物体的性状有了一定的认识，但是，学生并不知道基因是如何起作用的。

②学生已经认识到蛋白质是生命活动的主要承担者，知道核酸是遗传信息的携带者，了解了生物具有各种性状，但对基因、蛋白质、性状这三个概念还是孤立的。

③学生通过对细胞分化的学习，知道生物体内有多种细胞。

（2）已具备的科学思维与科学探究能力。

学生通过必修 1《分子与细胞》模块的学习，学习已经能够：从物质与能量角度从结构与功能相适应这一视角认识生命，解释细胞由多种多样的分子组成，这些分子是细胞执行各项生命活动的物质基础；建构并使用细胞模型，阐明细胞各部分结构通过分工与合作，形成相互协调的有机整体，实现细胞水平的各项生命活动。学生已有对实验现象、实验结果与数据进行分析的体验，知道自变量控制中的加法原理与减法原理，具备了分析、归纳、演绎推理和模型构建的思维方法和尊重事实和证据的意识和一定的科学探究能力。

（3）困难与解决。

还不清楚细胞分化时基因表达的过程，表观遗传的种类及其机制是全新的内容，学生学习的难度较大。且基因指导蛋白质的合成过程较微观，学生的理解也有难度。

可以通过构建基因指导蛋白质合成模型构建与视频资料相结合的方法并通过对完整问题情境的解决帮助学生突破难点。

4. 开放性学习环境

教室有多媒体数字平台，师生关系融洽，学生可以自由表达自己的观点。

（三）素养导向的单元学习目标

（1）通过观看模拟动画、分析教材图文资料与科学实验证据，概述遗传信息的转录与翻译过程，阐明生命的物质观与信息观，养成科学思维的习惯——生命观念、科学思维、科学探究。

（2）基于地球上几乎所有的生物共用一套遗传密码的事实分析，阐明生物界的统一性，认同当今生物可能有着共同的起源——生命观念、科学思维。

（3）基于遗传信息可以从 DNA 流向 RNA，进而流向蛋白质的事实，阐明生命活动不仅需要物质和能量，也需要信息，形成生命是物质、能量和信息的统一体的生命观念——生命观念、科学思维。

（4）通过了解中心法则的提出和修正过程，认同科学是不断发展的，科学概念也是在不断更新或修正的，人们对自然界的探究永无止境——生命观念、科学思维。

（5）基于生物学事实分析，说明基因通过控制酶的合成和蛋白质的结构控制生物体的性状，概述基因、蛋白质和性状之间的关系，阐明生命的物质观、结构与功能观，养成科学思维的习惯——生命观念、科学思维、科学探究。

（6）通过比较同一生物体不同细胞中 DNA、RNA 的检测结果，说明细胞分化是基因选择性表达的结果，体会生命的物质能量观、信息观——生命观念、科学思维、科学探究。

（7）通过“实例”比较和归纳，说出基因碱基序列不变，但表型改变的表观遗传现象，归纳概括出表观遗传是可以遗传的结论。

（8）阐明基因、环境与性状之间存在着复杂的相互作用，精细地调控着生物体的性状，认同生命的复杂性——生命观念。

（9）关注遗传信息的修饰即表达对生命活动的影响，阐释遗传信息的表达调控对生命活动的至关重要，指导个人养成良好的生活习惯——生命观念、科学思维、科学探究、社会责任。

（四）挑战性学习任务

1. 任务1：探究基因携带的信息是通过转录形成RNA，传递到细胞质中的

（1）活动1；请从生命的物质性角度提出将Bt基因的信息传递到细胞质中的物质是什么的假设，并通过分析已有实验证据，证明帮助DNA传递信息的信息的物质是mRNA。

（2）活动2：通过分析DNA与RNA的分子结构，解释为什么RNA能够承担起传递信息的功能。

（3）活动3：观看DNA传递信息到mRNA的转录视频，归纳RNA是怎样将遗传信息传递到细胞质中的。

（4）活动4：在抗虫棉的培育中，整合到棉花细胞核染色体DNA上的抗虫基因——Bt抗虫蛋白基因也需要通过转录形成mRNA，来传递信息。下图是某种Bt抗虫蛋白基因编码链4到62号碱基序列，请同学们解释该基因片段转录的mRNA的过程。

2. 任务2：通过科学实验结论分析，归纳概括得出RNA通过翻译，形成蛋白质，表达遗传信息的过程

（1）活动1：遗传信息到达细胞质后的解读物质是什么？tRNA为什么能承担这一功能？通过数学推理、科学实验结论，寻找4种碱基与21种氨基酸完美匹配的证据。

（2）活动2：观看视频：思考在mRNA这条生产线上，核糖体如何读取密码子，tRNA又怎样将氨基酸准确安放的。归纳翻译过程。

（3）活动3：请同学们思考并从转录与翻译两个方面谈谈Bt蛋白基因导入棉

花细胞后是如何指导Bt抗虫蛋白合成的？

（4）活动4：在长期的进化中，不同的生物遗传信息的这种操控机制有其各自的独特性，请结合教师提供的几种生物遗传信息传递情况，完善中心法则。

3. 任务3：构建基因、蛋白质、性状之间的关系模型并解释同一生物体在同一时期不同器官功能不同的原因

（1）活动1：合成的Bt抗虫蛋白与抗虫性状是什么关系？结合教材资料圆粒和皱粒豌豆产生的原因，囊性纤维化、镰刀型贫血症的病因分析，阐明基因如何通过控制酶的合成间接控制生物体的性状？

（2）活动2：分析同一植物体，同一发育时期不同类型细胞中DNA和mRNA的检测结果，解释说明基因相同的细胞，性状为何不同？

（3）活动3：推测为什么不同发育期和不同组织器官表现的抗虫性不同？

（4）活动4：构建基因、蛋白质、性状之间的关系模型。并解释基因、蛋白质、性状之间的关系。

4. 任务4：解释同一生物体同一器官在基因相同的情况下表达出现差异的原因。

（1）活动1：在培育中，可以实现在棉铃虫高峰期，棉花抗虫效果最强。请作出推理和假设。分析教材资料柳穿鱼的花形态结构的遗传，以及小鼠毛色的遗传，认识到基因的甲基化以及甲基化程度会影响基因的表达，进而影响生物性状，并且这种影响是可以遗传的，并总结表观遗传学的概念。

（2）活动2：结合课堂所学和资料，综合解释抗虫棉的遗传现象及棉铃虫高峰期，抗虫蛋白高表达的原因。

（3）活动3：通过“结合本节课所学内容，制作吸烟对人体影响的宣传海报”。认识到个人的生活习惯等会通过表观遗传，影响到自身以及下一代的健康，从而树立科学的生活观念，形成良好的生活习惯。

（五）持续性评价

1. 任务1采用的评价

（1）活动1、2采用教师问题追问的评价方式。

问题的追问，伴随活动的推进，持续性地对学生的学习状况进行反馈，追问问题如下。

①从生命的物质性角度分析可能会是某种物质，你认为这种物质的成分可能是什么？

②为什么RNA适于作DNA分子的信使呢？

③ RNA这种物质又是如何产生的？它的产生和DNA有关吗？

④ DNA的遗传信息是怎样传给mRNA的呢？

⑤转录过程是如何实现的？

⑥遗传信息的准确传递又是如何保证的？

⑦转录与DNA复制有什么共同之处，这对保证遗传信息的准确转录有什么意义？

（2）活动3通过学生对以下问题的完成情况，结合评价量观进行评价。

在抗虫棉的培育中，整合到棉花细胞核染色体DNA上的抗虫基因——Bt抗虫蛋白基因也需要通过转录形成mRNA，来传递信息。下图是某种Bt抗虫蛋白基因编码链4到62号碱基序列，请同学们写出该基因片段转录的mRNA的碱基序列。请同学们解释该基因片段转录的mRNA的过程。评价量规如下。

①水平1：能根据给出的基因片段写出mRNA的碱基组成，没有解释原因。

②水平2：能从信息传递的角度，解释基因片段写出mRNA的碱基组成之间的关系（只能说出基因中的信息，以模板链为模板，通过碱基互补配对原则，形成的RNA的碱基组成）。

③水平3：能结合本问题情境，围绕细胞是最小的生命系统的观点，应用结构与功能观，信息观，解释基因片段写出mRNA的碱基组成之间的关系（抗虫

基因导入到棉花细胞的染色体 DNA 上，在细胞核内，通过 RNA 聚合酶的催化，以 Bt 基因的模板链为模板，通过碱基互补配对原则，形成 RNA，通过核孔进入到细胞质中）。

（3）活动 1、2、3 学生通过自我反思进行自评，表 4-1 为学生自我反思表。

表 4-1　学生自我反思表

你对这个问题最初的想法	同伴回答或讨论后你有哪些改进	你现在对这个问题的认识	你认为还有哪些需要改进的地方	你有哪些问题想和老师交流

2. 任务 2 采用的评价

（1）活动 1、2 采用教师问题追问的评价方式。

问题的追问，伴随活动的推进，持续性地对学生的学习状况进行反馈，追问问题如下。

① mRNA 碱基与氨基酸之间的对应关系是怎样的？

②游离在细胞质中的氨基酸，是怎样被运送到合成蛋白质的“生产线”上的？

③在生产线上蛋白质是如何合成的？

④翻译过程有哪几个阶段？

⑤ mRNA 上的什么信息决定着翻译的起始和终止？

⑥图 4-7 中的 mRNA 上共有几个密码子？

⑦在这个过程中 tRNA 是如何与核糖体配合，准确搬运氨基酸的？

⑧请写出翻译后合成的肽链，这个过程同学们可查阅密码子表。

⑨请用一句话归纳翻译的概念。

（2）活动 3 采用评价量观进行评价。

①水平 1：能从转录与翻译概念出发进行表述，但表述过程出现差错。没有解释原因

②水平2：能从转录与翻译其实质是细胞内的两种代谢反应，因此能从生化反应发生的场原料、条件、产物角度进行比较其异同点，并从信息流动角度阐明两者之间的联系。

③水平3：能结合抗虫基因的问题情境，从信息流动角度阐明两者之间的联系。用系统观围绕细胞结构从转录与翻译其实质是细胞内的两种代谢反应，能从生化反应发生的场原料、条件、产物角度进行比较其异同点。

（3）活动4通过对实际问题拓展应用分析进行评价，如图4-5所示。

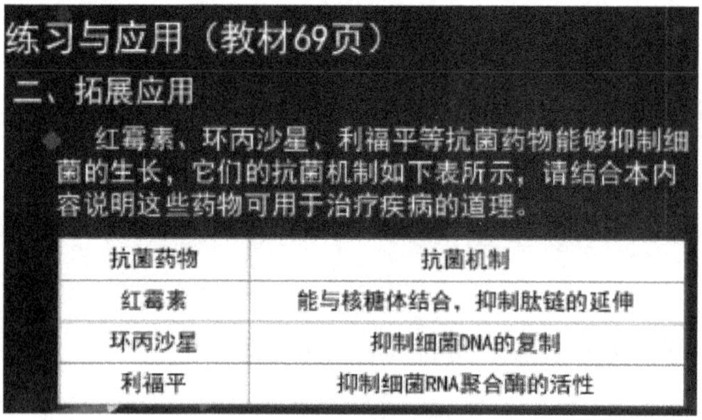

图4-5　拓展应用分析评价

（3）活动1、2、3、4学生通过自我反思进行自评，表4-2为学生自我反思表。

表4-2　学生自我反思表

你对这个问题最初的想法	同伴回答或讨论后你有哪些改进	你现在对这个问题的认识	你认为还有哪些需要改进的地方	你有哪些问题想和老师交流

3. 任务3采用的评价

（1）活动1、2、3师生对话，伴随式评价、持续性评价。

活动3：推测为什么不同发育期和不同组织器官表现的抗虫性不同？

（2）活动4师生对话评价。

活动4：构建基因、蛋白质、性状之间的关系模型。并解释基因、蛋白质、性状之间的关系。

①水平一：能结合本节所学，落实基因、蛋白质、性状的关系及细胞分化的实质是基因的选择性表达的重要概念。未解释原因

②水平二：能结合本节所学，落实基因、蛋白质、性状的关系及细胞分化的实质是基因的选择性表达的重要概念；能否运用基因控制蛋白质合成的相关内容及假说—演绎的思维方法对实验事实提出合理假设

4. 任务4采用的评价

（1）活动1、2采用教师问题追问的评价方式。

问题的追问，伴随活动的推进，持续性地对学生的学习状况进行反馈，追问问题如下。

①针对以上现象，你可以做出怎样的推理和假设？

②如果让你来研究这一现象产生的原因，你将怎么研究？

③杂交结果如下，F2代出现了性状分离，其分离比是否符合孟德尔的基因分离定律？能否解释辐射对称花出现的原因？

④ Lcyc基因是与该植物花结构相关的重要基因。我们还可以怎样研究？

⑤植株A、B杂交，F1的花与植株A相似，为什么？ F1自交的F2中绝大部分植株的花与植株A相似，少部分植株的花与植株B相似，为什么？

⑥ Avy基因的表达不同的原因是什么？

⑦对子一代三种毛色小鼠（基因型Avya）的Avy基因测序结果是什么？

⑧子一代小鼠毛色发生变化。说明了什么问题？

⑨ DNA甲基化对小鼠毛色的影响，在小鼠后代中仍然出现。这对你认识基因和性状之间的关系有什么启示？

⑩资料1和2展示的遗传现象有什么共同点？这对你认识基因和性状的关系

有什么启示？

（2）活动3采用教师问题追问的评价方式，追问问题如下。

①这两则资料，对你有什么启示？

②你如何评价基因决定生物的性状这一观点？尝试用概念图梳理基因与性状的关系。

（3）活动4采用评价量规进行评价，如表4-3所示。

表4-3　活动4评价量规

角度	水平一	水平二
生命观念	能初步从吸烟导致基因甲基化结构角度出发，解释基因甲基化与性状的关系，提出1~2条建议	能从吸烟作为不良生活方式出发，从环境影响基因分子结构进而影响蛋白质的合成影响性状角度，分析吸烟的危害
科学思维	能够结合教材所学，归纳概括形成宣传稿。	能通过网络或专业书籍查找相关内容，学会将不同方面得到的信息进行分析、整理，归纳概括与已有知识构建联系，形成知识网
科学探究	学会拓展所学知识，了解深层的相关知识	能搜集有关吸烟危害的科学数据，分析数据，得出结论。作为宣传稿的有力证据
社会责任	形成宣传稿，在家人间分享	积极参与社区义工活动，做义务宣传员，为社会做出一些贡献
展示点	个人在项目阶段中所担当的任务笔记	可以运用表格、统计分析、图片、事例等来展示研究成果，提出有见解的可操作的意见。

（六）具体实施——第1课时：基因的表达——转录

1.课时教材分析

遗传信息控制性状，并代代相传，在传递过程中基因是如何起作用的呢？章首页就以抗虫棉为例告诉我们，基因可以指导蛋白质的合成。但基因主要位于细胞核中，而合成蛋白质的场所核糖体却位于细胞质中。围绕这一矛盾冲突，引导学生从生命的物质性角度提出假设，从结构与功能角度对组成DNA与RNA的基本单位及两种分子结构上的异同点进行分析，并提供科学实验证据来说明基因中的信息是如何通过信号分子携带向外传递的。

2. 课时学情分析

这部分内容是分子层面，即细胞内的生化反应过程，相对抽象，学生理解起来有一定难度。

3. 课时学习重点

概述遗传信息的转录过程。

4. 课时学习难点

概述遗传信息的转录过程。

5. 课时学习目标

（1）通过对虫害资料与抗虫棉培育图片分析，明确本单元的学习意义，构建抗虫基因、抗虫蛋白、抗虫性状的关系，初步体验遗传信息与生命现象的关系。

（2）在信使物质实验假设的基础上，通过 Brachet 洋葱根尖和变形虫实验、南非生物学家布伦纳等 3 位科学家噬菌体 RNA 杂交实验，寻找 RNA 是信使物质的证据，通过 DNA 与 RNA 分子结构的比较，结合教材资料与视频资料，概述遗传信息的转录过程，阐明生命的物质观与信息观，养成科学思维的习惯。

（3）通过结合抗虫棉基因转录过程的分析，学生在新情境中体会遗传信息的流动过程，养成用系统观的分析问题的科学思维。激发学生的关注社会的责任意识。

6. 课时教学过程

在课时教学过程中，首先通过情境导入引出一个实际问题：虫害对农业生产的严重危害及科学家如何利用现代生物技术培育抗虫棉花。以此为背景，提出探究任务：理解基因携带的信息是如何通过转录形成 RNA，并传递到细胞质中的。

学生活动部分，首先引导学生思考并简化表述抗虫基因、抗虫蛋白与抗虫性状之间的关系。接着，教师提供细胞核图片，提出问题：Bt 抗虫蛋白基因如何指导细胞质中的核糖体合成蛋白质？学生需分析细胞和基因与核糖体的位置关系，并提出基因指导蛋白质合成包括两个过程的问题。

活动 1 中，学生从生命的物质性角度出发，通过假设、寻找实验证据（包括

RNA 与蛋白质合成相关性的实验思路、Brachet 的洋葱根尖和变形虫实验、布伦纳等科学家的噬菌体 RNA 杂交实验）来推断并证明 RNA 是 DNA 传递信息的信使物质。通过追问，学生进一步分析 RNA 适于作 DNA 信使的原因，以及核基因如何将遗传信息准确传递给 mRNA。活动展开部分，学生阅读教材相关示意图，回答转录过程的实现方式及信息准确传递的保障机制。

活动 2 中，通过观看转录的模拟视频动画，归纳转录的概念，并从生命系统角度分析转录过程。此外，学生还需完成教材中的“思考讨论”部分。

活动 3 中，学生根据提供的 Bt 抗虫蛋白基因编码链的碱基序列，书写该片段转录的 mRNA 碱基序列，并解释该基因片段转录 mRNA 的过程。

最后，通过归纳总结，学生逐步构建相关概念，并深刻体会生命的物质观与信息观。

7. 课时评价

课时评价采用追问式评价，主要集中在对转录概念的理解、结构与功能观、科学探究过程中实验结果的分析。

8. 课时教学板书设计

板书设计如图 4-6 所示。

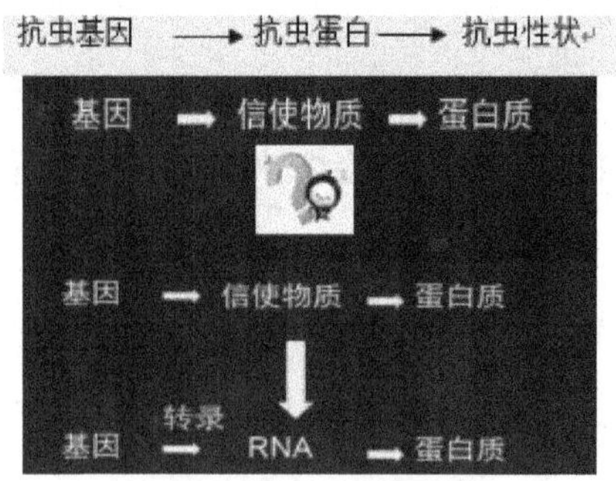

图 4-6　第 1 课时板书设计

9. 课时作业设计

（1）某 DNA 分子一条链上的碱基排列顺序为“…—A—T—C—…”若以该

链为模板，经转录后得到的 mRNA 的碱基排列顺序是（　　）。

A. ⋯—T—A—G—⋯　　B. ⋯—U—A—G—⋯

C. ⋯—T—A—C—⋯　　D. ⋯—T—U—G—⋯

（2）一条肽链有 500 个氨基酸，则作为合成该肽链模板的 mRNA 和用来转录 mRNA 的 DNA 的碱基至少有（　　）。

A. 500 个和 1 000 个　　B. 1 000 个和 2 000 个

C. 150 0 个和 1 500 个　　D. 1 500 个和 3 000 个

（3）DNA 分子一条链的一段碱基排列顺序为⋯—CTCGAT—⋯，以其为模板转录形成 mRNA 则此段 mRNA 决定的氨基酸序列由左到右为（　　）。

密码子：CAC CAU 为组氨酸，CAG 为谷氨酰胺，CUA CUC 为亮氨酸，GUC GUA GUG 为缬氨酸，GAG 为谷氨酸，GAU 为天冬氨酸

A. ⋯—亮氨酸—天冬氨酸—⋯　　B. ⋯—谷氨酸—亮氨酸—⋯

C. ⋯—谷氨酰胺—缬氨酸—⋯　　D. ⋯—缬氨酸—组氨酸—⋯

（4）右图为真核细胞中遗传信息表达过程示意图。字母 A-D 表示化学物质，数字①、②表示过程。请回答问题：

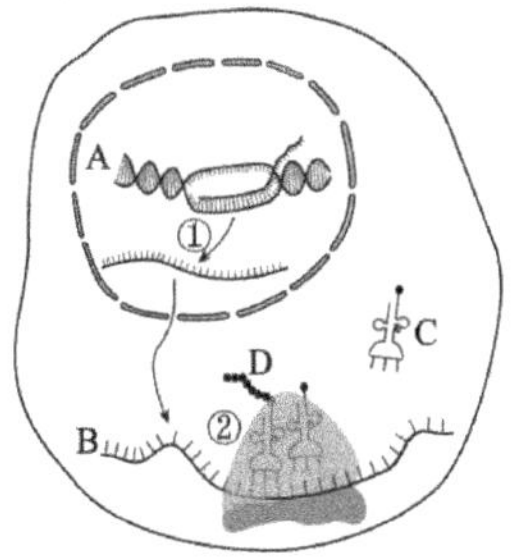

①所示过程以__________分子的一条链为模板，以四种____________作为原料合成 B，催化此过程的酶是____________。此过程称做____________。

①所示过程由 A 到 B 的过程中通过__________原则 A 携带的信息准确传递到 B。

10. 课时反思性教学改进

（1）优点。学生围绕单元学习任务整体进行思考，有思维的依据和抓手，学生能够聚集解决问题，在解决问题的过程中实现对转录概念的理解，在转录学习的基础上，学生对遗传物质传递后的后续过程充满期待。

（2）不足。学生用物质观分析问题的能力欠佳。

（3）改进。课题的导入，不仅要关注情境，还要注意从本质方面的引导。

（七）具体实施——第 2 课时：基因的表达——翻译

1. 课时教材分析

在上节课内容学习的基础上，教材通过问题核酸的碱基序列蕴含着遗传信息，翻译的实质是将 mRNA 的碱基序列翻译为蛋白质的氨基酸序列，翻译过程如何实现呢？即遗传信息携带进入细胞质后，是如何表达出来的呢？教材从学生熟悉的英汉翻译启发学生思考碱基与氨基酸之间的对应关系，并通过数学推理实验论证，提出了密码子表。再次通过问题引导和图形阐释翻译的过程。最后从信息传递的角度逐渐构建中心法则，引导学生逐步认识到遗传信息代代传递的过程，实际上是遗传信息的流动过程，生命是物质、信息、能量的统一体。

2. 课时学情分析

这部分内容是分子层面，即细胞内的生化反应过程，相对抽象，学生理解有困难。中心法则的构建需要具体生物资料来引导学生思考，逐步完成认识。

3. 课时学习重点

（1）概述遗传信息的翻译过程 。

（2）完善中心法则。

4. 课时学习难点

概述遗传信息的翻译过程。

5. 课时学习目标

（1）通过模拟伽莫夫（G・Gamow）数学推理、分析克里克密码子验证实验，寻找遗传信息传递到细胞质中的解读方式，构建三联体密码子概念。

（2）基于地球上几乎所有的生物共用一套遗传密码的事实分析，阐明生物界的统一性，认同当今生物可能有着共同的起源，形成进化观。

（3）通过对 tRNA、核糖体结构的分析的基础上，观看翻译模拟动画、分析教材图文资料，概述遗传信息的翻译过程。认同结构与功能观。体会信息传递的过程。

（4）通过分析细菌、“HIV 生活史模式图”“新冠病毒生活史模式图”归纳概括并完善中心法则。形成生命是物质、能量和信息的统一体的生命观念。

（5）通过对中心法则修正和完善过程的体验，认同科学是不断发展的，科学概念也是在不断更新或修正的，人们对自然界的探究永无止境。

6. 课时教学过程

任务 2 聚焦于通过科学实验结论的深入分析，来归纳和概括 RNA 如何通过翻译过程形成蛋白质，进而表达遗传信息的机制。首先，通过回忆先前的学习情境，明确本次任务的学习目标。

活动准备阶段，教师引导学生提出两个关键问题：一是碱基与氨基酸之间的对应关系是如何建立的；二是游离在细胞质中的氨基酸是如何被输送到蛋白质合成“生产线”上的。为了解答这些问题，教师提供了相关素材供学生思考。

活动 1 中，学生利用数学推理和科学实验结论，探寻 4 种碱基与 21 种氨基酸之间的完美匹配关系。通过 1954 年伽莫夫的数学推理以及 1961 年克里克的 T4 噬菌体碱基增减实验等证据，学生得出结论：3 个碱基编码一个氨基酸。此外，还通过尼伦伯格和马太的实验，了解了苯丙氨酸密码子的发现以及密码子的破译与解读。

活动 2 则进一步探讨游离氨基酸如何被运送到蛋白质合成“生产线”上。学生通过 1955 年詹美尼克的意外发现，认识到 tRNA 作为“搬运工”的角色，并理解其能搬运氨基酸并识别密码子的功能。随后，通过观看翻译过程的视频，追问蛋白质合成与加工的具体步骤，以及 tRNA 与核糖体的配合机制等，深化对翻译过程的理解。

活动 3 中，学生通过观看完整的基因指导蛋白质合成的视频，比较转录与翻译过程，以及原核生物与真核生物基因表达的异同，进一步理解基因指导蛋白质合成的整体流程。

活动 4 引导学生从转录与翻译两个方面思考 Bt 蛋白基因导入棉花细胞后如

何指导 Bt 抗虫蛋白的合成。活动 5 则通过完善中心法则和提供艾滋病毒、新冠病毒的遗传分析资料，帮助学生构建更全面的概念框架。

最后，在活动总结和拓展阶段，学生通过解决教材中的习题问题，深刻体会到生命是物质、信息和能量的统一体。

7. 课时评价要点

课时评价采用追问式评价，主要集中在对翻译概念的理解、基因表达全过程概念的构建、结构与功能观、物质、能量、信息观、数学推理、科学探究过程中实验结果的分析。

8. 课时教学板书设计

板书设计如图 4-7 所示。

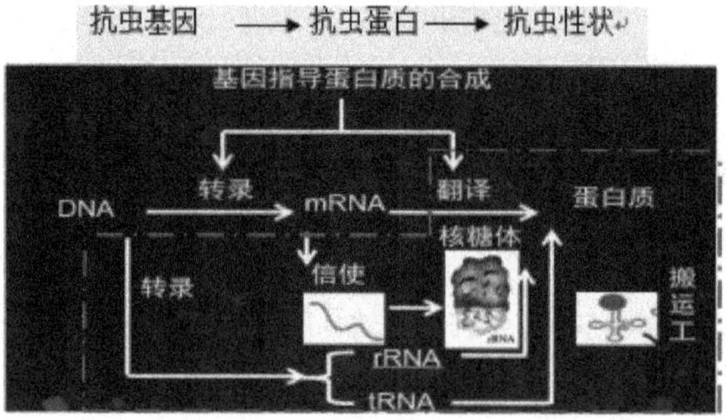

图 4-7　第 2 课时板书设计

9. 课时作业设计

（1）补充完善基因指导蛋白质合成内容概念图。

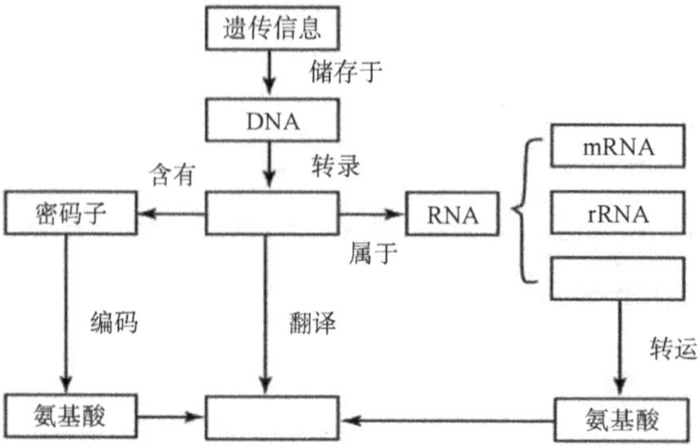

（2）基因指导蛋白质的合成包括转录与翻译，下列相关叙述错误的是（　　）。

A. 转录和翻译都遵循碱基互补配对原则

B. 转录以核糖核苷酸为原料，翻译以氨基酸为原料

C. 遗传信息既可以从 DNA 流向蛋白质，也可以从蛋白质流向 DNA

D. 在真核细胞中，染色体上基因的转录和翻译是在细胞内的不同区室中进行的

（3）下图表示中心法则，①—⑤代表生理过程，以下说法错误的是（　　）。

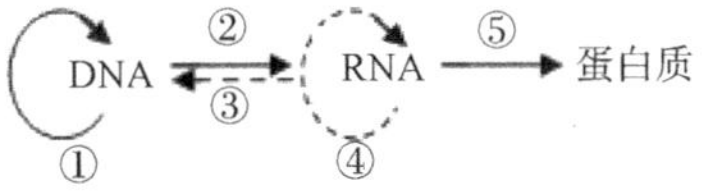

A. ①过程表示 DNA 分子复制　　B. ②过程表示基因转录

C. ③④过程不需要碱基互补配对　　D. ⑤过程表示翻译

（4）（2017 年春季会考）某野生型个体正常基因的一段核苷酸序列的表达过程如下图所示，请回答问题：

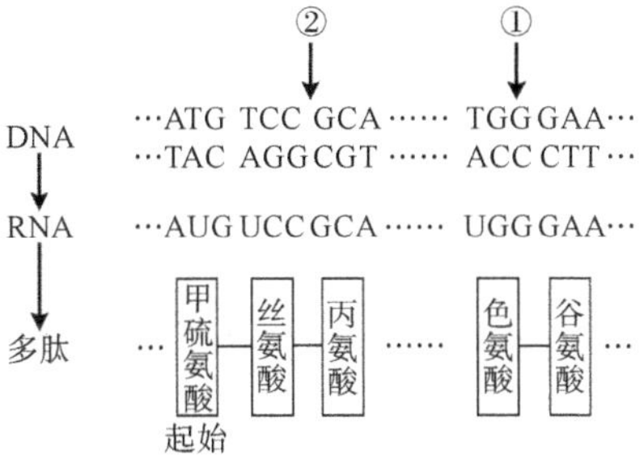

①“DNA → RNA →多肽”的过程包括________两个阶段。

②若该基因位置①的碱基对由 G-C 变成了 A-T，对应的密码子变为________（终止密码子）。与正常蛋白质比较，变化后的基因控制合成的蛋白质相对分子质量将____________。

③若位置②插入了一个碱基对 A-T，则该基因控制合成的蛋白质发生的变化为____________。

10. 课时反思性教学改进

（1）优点。在单元任务的基础上，用生产线做比喻，更形象，有利于学生的理解。

（2）不足。这节课素材较多，完成这些任务时间较紧张。学生的自我反思做得不够充足。

（3）改进。要加强对素材的筛选，减少重复。

（八）具体实施——第 3 课时：基因表达与现状的关系（1）

1. 课时教材分析

本课时着重解决单元学习活动的第二个任务：抗虫基因、抗虫蛋白质、抗虫性状的关系。通过具体生物学事实分析，建立基因、蛋白质、性状间的关系，同时通过资料分析，落实重要概念 3.1.4 细胞分化的本质是基因选择性表达的结果，生物的性状主要通过蛋白质表现。本课时通过归纳与演绎、抽象与概括、学生提出假设，结合证据进行分析，最后得出结论。

2. 课时学情分析

学生通过本单元前 2 课时的学习，已经认识到基因通过 RNA 指导蛋白质合成，通过必修一的学习也认识到蛋白质是生命活动的主要承担者但基因、蛋白质、性状间的关系如何，基因相同的细胞性状不同的原因尚不明确。虽然经历了一些资料分析和实验分析训练，但科学探究和科学思维还有待进一步发展。

3. 课时学习重点

（1）概述基因通过控制其表达产物直接或间接控制生物体的性状。

（2）概述细胞分化的本质是基因选择性表达的结果。

4. 课时学习难点

基于生物学事实及实验证据分析，发展归纳与演绎、抽象与概括等科学思维。

5. 课时学习目标

（1）运用结构与功能观，概述 DNA 分子上的遗传信息通过 RNA 指导蛋白质的合成，细胞分化的本质是基因选择性表达的结果，生物的性状主要由蛋白质决定的。基因的表达会受到调节。其实质是信息的传递、表达和调控的过程，认同生命的信息观。

（2）基于转基因抗虫棉给定的事实和证据采用归纳概括、演绎推理等方法，以文字、图示和模型的形式，建立基因、蛋白质、性状之间的内在关联。

（3）能够分析已有实验现象与实验结果得出结论。

（4）用转基因生物技术解决农业生产中虫害问题提出本单元学习话题，并结合该情境进行分析，激发学生的关注社会的责任意识。

6. 课时教学过程

任务 3 旨在探讨基因、蛋白质与性状之间的内在联系。以导入 Bt 抗虫基因的棉花为例，其之所以能表现出抗虫性状，正是基因、蛋白质与性状关系的一个直观体现。为了深入理解这一关系，我们设计了 4 个活动。

活动 1 通过孟德尔杂交实验中的圆粒和皱粒豌豆案例，揭示了基因如何间接控制生物体性状。具体而言，皱粒豌豆的出现是由于其 DNA 中插入了外来 DNA 序列，导致编码分支酶的 r 基因发生了变异，进而使得该酶比正常 R 基因编码的酶缺失了部分氨基酸，酶活性显著下降。这一变化导致淀粉含量降低，豌豆失水皱缩，从而表现出皱粒性状。通过讨论，我们明确了酶活性下降对代谢产物的影响，以及即使酶活性减半（如 Rr 相对于 RR），仍可能因酶的高效性而保持足够产物，使生物体表现出正常性状（如圆粒）。这一过程可以用流程图概括为：基因→酶→代谢→性状。

活动 2 则通过囊性纤维化和镰刀型贫血症的病因分析，展示了基因如何直接控制生物性状。在这两种疾病中，基因结构的改变直接导致了蛋白质结构的异常，进而影响了蛋白质的功能，最终表现出性状异常。囊性纤维化患者因CFTR蛋白结构改变而影响了氯离子转运功能，导致肺功能受损；镰刀型贫血症患者则因血红蛋白结构改变而影响了红细胞的携氧能力和稳定性。这两个案例共同说明了基因通过控制蛋白质的结构来直接控制生物体的性状。这一过程可以用流程图简化为：基因→蛋白质的结构→性状。

综上所述，基因通过控制其表达产物（酶或蛋白质）的结构和功能，直接或间接地控制着生物体的性状。这一结论不仅解释了导入Bt抗虫基因的棉花为何能抗虫，也为我们理解生物界中基因、蛋白质与性状之间的复杂关系提供了重要依据。

活动3聚焦于分析同一生物体内不同类型细胞中DNA与mRNA的检测结果，以阐释基因相同但性状各异的现象。活动准备阶段提出了核心疑问：同一生物体的多种组织细胞是否共享相同的基因，以及这些基因相同的细胞为何在形态、结构和功能上展现出差异。通过对比不同类型细胞中DNA和mRNA的检测结果，小组讨论发现：尽管这些细胞的基因种类相同，但它们表达的蛋白质种类却各不相同。例如，输卵管细胞专一性地表达卵清蛋白，红细胞表达珠蛋白，而胰岛细胞则只表达胰岛素。这种基因的选择性表达不仅避免了细胞内物质和能量的浪费，还确保了细胞能够高效利用资源。此外，讨论还推测基因的表达过程可能受到某种调控机制的影响，因为蛋白质的合成需要多种物质的参与，并且这一过程必须精确控制。活动总结时，同学们认识到细胞分化实质上是基因选择性表达的结果，其中在所有细胞中都表达的基因被称为管家基因，它们对于维持细胞的基本生命活动是必不可少的；而选择性表达的基因则被称为奢侈基因，它们体现了细胞中物质和能量的合理利用。

活动4进一步探讨了不同发育期和不同组织器官抗虫性表现不同的原因，最终总结出基因表达产物与性状之间的两种关系：一是基因通过控制酶的合成来调控代谢过程，从而影响生物体的性状；二是基因直接通过控制蛋白质的结构来控制生物体的性状。同时，再次强调了细胞分化的实质是基因的选择性表达。活动拓展部分则通过迁移应用，引导学生思考高温培养残翅果蝇幼虫得到翅长接近正常果蝇成虫的原因，并结合转基因抗虫棉花在不同生长发育阶段和同一时期不同组织器官中抗虫性表现不同的现象，提出了对 Bt 蛋白表达量差异的研究结果，进一步加深了学生对基因表达调控与性状关系的理解。

7. 课时教学板书设计

板书设计如图 4-8 所示。

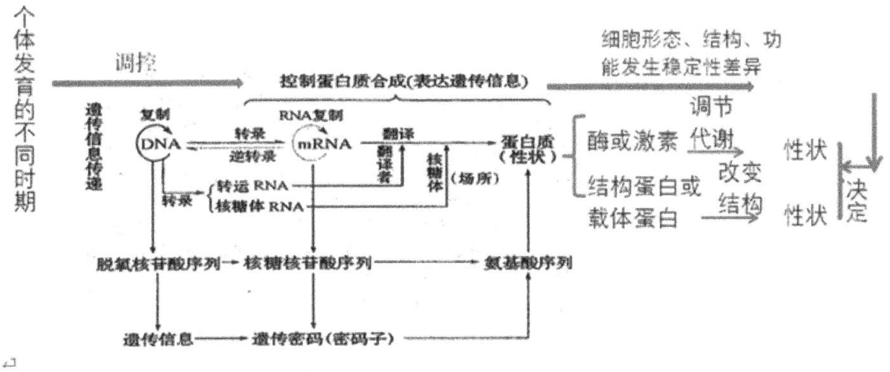

图 4-8　第 3 课时板书设计

8. 课时作业设计

（1）人体的神经细胞和肌细胞的形态、结构和功能不同，是因为这两种细胞内（选自新教材 83 页第 5 题）(　　)。

A. tRNA 不同　　　　B. rRNA 不同

C. mRNA 不同　　　　D. DNA 上的遗传信息不同

（2）下列关于基因、蛋白质与性状关系的描述中，正确的是（选自海淀《伴你学》P11/3 题）(　　)。

A. 皱粒豌豆种子的分支酶的基因被打乱，不能合成分支酶，淀粉含量低而蔗糖含量高

B. 人类白化病症状是基因通过控制蛋白质的结构直接控制生物体的性状来实现的[来

C. 基因与性状呈线性关系，即一种性状由一个基因控制

D. 囊性纤维病患者中，编码一个 CFTR 蛋白的基因缺失了 3 个碱基，该变异不能遗传给后代

（3）分别用β-珠蛋白基因、卵清蛋白基因和丙酮酸激酶（与细胞呼吸相关的酶）基因的片段为探针，与鸡的成红细胞、输卵管细胞和胰岛细胞中提取的总 RNA 进行分子杂交，结果见下表（注："+" 表示阳极，"-" 表示阴性）。下列叙述不正确的是（选自海淀《伴你学》P11/4 题）(　　)。

细胞总 RNA	β－珠蛋白基因	卵清蛋白基因	丙酮酸激酶基因
成红细胞	+	-	+
输卵管细胞	-	+	+
胰岛细胞	-	-	+

A. 在成红细胞中，β-珠蛋白基因处于活动状态，卵清蛋白基因处于关闭状态

B. 输卵管细胞的基因组 DNA 中存在卵清蛋白基因，缺少β-珠蛋白基因

C. 丙酮酸激酶基因的表 达产物对维持鸡细胞的基本生命活动很重要

D. 上述不同类型细胞的生理功能差异与基因的选择性表达有关

（4）暴饮暴食是不良饮食习惯。20 世纪 80 年代，研究者追踪瑞典某小镇从小有暴食习惯的男性，发现他们孙辈的平均寿命竟比同龄正常进食男性的孙辈短 32 年。这令研究者十分惊奇，难道从小形成的饮食习惯还会影响后代寿命吗?

孟德尔、摩尔根等遗传学家对遗传规律的阐释，使人们普遍接受了基因学说，认为亲子代之间的遗传由基因决定。然而，上述调查结果显示，饮食习惯等个人行为似乎可以影响后代的性状表现。

分子生物学研究揭示，某些环境因素虽然没有改变基因的碱基序列，却会引起基因序列等的特定化学修饰，即表观修饰，进而影响基因表达，且这种表观修饰还可能传递给后代，使子代表现型发生变化，这通常被称为表观遗传。表观遗传现象引发人们对于遗传机制、遗传与发育以及生物进化等的哲学思考。

建立在达尔文自然选择学说基础上的现代进化理论认为，突变和基因重组提供进化的原材料，自然选择决定进化的方向，进化的本质是种群基因频率发生改变。表观遗传现象则展示了，环境引发的化学修饰能将亲代适应环境的性状遗传给后代，这似乎与现代进化理论的某些观点有所不同。截至目前，并没有决定性的证据说明现代进化理论是否需要重大修改。

随着生物学的迅速发展，很多生物学概念都在发生着变化，新的概念和理论不断替代旧的概念和理论，推动人们的认识发展，这正是科学发展的轨迹。

Ⅰ本文讨论的生物学话题是______________。

Ⅱ现代进化理论的两个理论基础是______________。

A. 基因学说　　　　B. 表观遗传学　　　　C. 自然选择学说

Ⅲ有人认为“表观遗传过程中发生了遗传信息的改变”，请结合文中内容和你对遗传信息的理解，判断这一观点是否正确，并阐述理由。

____

请结合本文内容，在图 4-32 中补充填写“表观修饰”等词汇，并添加必要的连线和注释，Ⅳ展示你对表观修饰及表观修饰在亲子代间传递的理解。

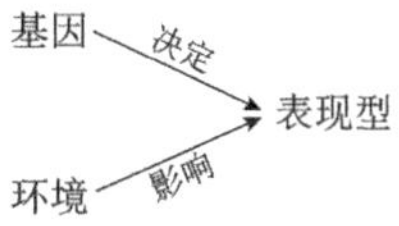

9. 课时反思性教学改进

（1）优点。结合单元主题提出课时核心问题，在问题的解决中学习本节课重点概念

（2）不足。资料分析较多，学生阅读及分析资料所需时间较长，时间略紧张。

（九）具体实施——第 4 课时：基因表达与现状的关系（2）

1. 课时主题

课时主题：基因表达与性状的关系 2

2. 课时教材分析

本课时为单元第二节“基因对性状的控制”中的表观遗传部分。通过表观遗传的学习，使学生在理解基因表达的基础上，进一步认识到基因与性状的关系以及性状表达的复杂性，这是对本单元核心概念的深化。本节课采用演绎推理的方法，引导学生提出假设，寻找证据进行分析，最后得出结论。本节的重点是表观遗传，通过柳穿鱼花型以及小鼠毛色遗传现象的实例分析，归纳总结表观遗传的概念，使学生在理解基因表达的基础上，进一步认识到基因与性状的关系及性状表达的复杂性，从而深化对本单元核心概念的理解。这有助于学生体会生命现象中因果关系的复杂性，并摒弃线性思维。

3. 课时学情分析

学生在了解基因如何控制生物性状的基础上，继续深入学习表观遗传学的种类和机制。这一部分内容是全新的，对于学生而言，理解起来有一定难度。结合所学的遗传学分析方法和分子生物学研究方法，学生可以较好地理解表观遗传的概念。

4. 课时学习重点和学习难点

（1）重点。归纳概括表观遗传的概念。

（2）难点。阐明基因与性状之间关系的复杂性。

5. 课时学习目标

（1）通过实例比较和归纳，认识基因碱基序列不变但表型改变的现象，归纳概括表观遗传的概念。

（2）通过案例分析，了解基因、环境与性状之间存在着复杂的相互作用，精细地调控着生物体的性状，认同生命的复杂性。

（3）关注遗传信息的修饰及表达对生命活动的影响，阐释遗传信息的表达调控对生命活动的重要性，指导个人养成良好的生活习惯。

6. 课时教学过程

（1）活动或任务。

①分析柳穿鱼的花形态结构的遗传以及小鼠毛色的遗传，总结表观遗传学的概念。

②结合课堂所学和资料，综合解释抗虫棉的遗传现象及棉铃虫高峰期抗虫蛋白表达量高的原因。

③联系社会实际，运用表观遗传知识指导生活：结合本节课所学内容，制作吸烟对人体影响的宣传海报。

（2）教学具体描述。

结合本单元主题，给出资料并提出本节课探究的核心问题：为什么在棉铃虫高峰期，棉 Bt 蛋白的表达量最高？

通过课堂教学活动，引导学生学习表观遗传，解释遗传现象，并运用所学知识指导生活，具体如下。

①结合资料中的遗传现象，思考讨论，说出研究思路；

②分析遗传学实例，解释遗传现象，并总结表观遗传的概念；

③分析讨论，运用所学的表观遗传知识，解释关于转基因抗虫棉的问题；

④查阅吸烟与基因甲基化相关内容，从基因的表达及基因表达与性状的角度写一篇宣传稿，向亲友和周围人群宣传戒烟的道理。

7. 课时评价要点

（1）过程性评价。通过观察学生的独立思考和参与讨论情况，以及对课堂问题的回答，进行实时评价。

（2）任务性评价。用概念图总结基因与性状之间的关系；提出真实情景下生物学问题的解决方案；宣传戒烟的道理。采用的评价量规见单元评价部分。

8. 课堂实录

在环节 1 中，通过引入转基因抗虫棉花在不同生长发育阶段和同一时期不同组织器官中抗虫性表现差异的资料，老师引导学生思考同样的 Bt 基因为何在棉铃虫高峰期表达量最高，抗虫效果最强。学生提出基因表达可能受到某种信息的调控。进入环节 2，老师通过柳穿鱼花形态结构的遗传和小鼠毛色的遗传两个经典遗传现象，引导学生深入探讨基因表达调控的机制。学生通过杂交实验、现代分子技术检测基因碱基序列及表达情况等方法，发现基因甲基化会影响基因的表达，进而影响生物性状，并且这种影响是可遗传的。在此基础上，学生构建了基因与性状之间的关系概念网，深入理解了表观遗传学的概念。

进入环节 3，老师将话题引回到转基因抗虫棉花，提出其抗虫性差异是否与表观遗传有关的问题。通过提供科研人员对 Bt 基因甲基化状态的研究资料，学生运用所学的表观遗传知识，解释了转基因抗虫棉在不同时期、不同器官表现出的抗虫性差异的原因，并探讨了如何利用植物生长调节剂提高 Bt 基因的表达量，增强抗虫性。

最后，在环节 4 中，老师将话题拓展到人体内基因甲基化现象，引导学生思考吸烟与基因甲基化是否有关，并要求学生查阅资料制作海报或宣传稿宣传戒烟的道理。通过这一迁移应用，学生不仅加深了对基因表达调控与性状关系的理解，还提高了将所学知识应用于实际问题的能力。

9. 课时教学板书设计

板书设计如图 4-9 所示。

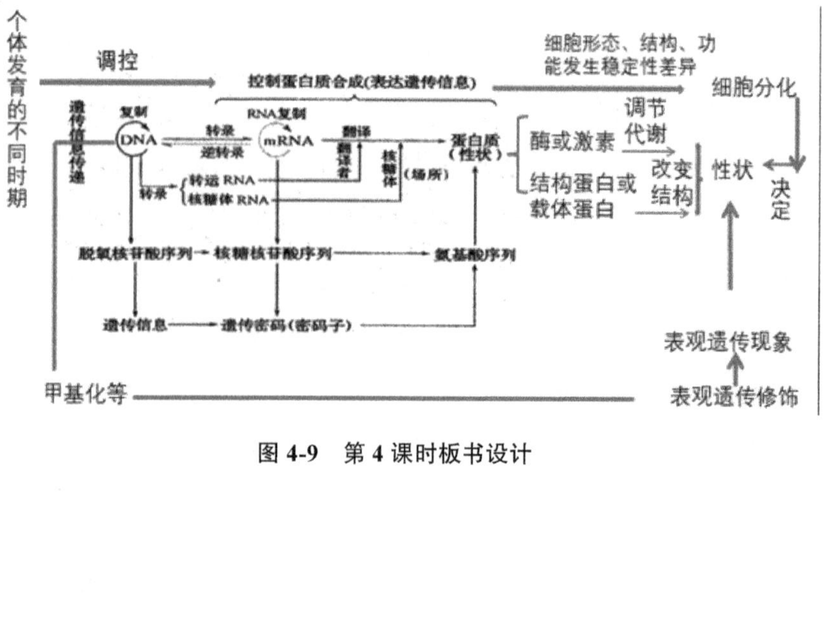

图 4-9　第 4 课时板书设计

10. 课时作业设计

查阅资料了解吸烟与基因甲基化的关系，并从基因的表达以及基因表达与性状的角度制作海报或宣传稿，宣传戒烟的道理。

11. 课时反思性教学改进

（1）优点。结合单元主题提出课时核心问题，在问题的解决过程中学习本节课的重点概念——表观遗传。

（2）不足。资料分析较多，学生阅读及分析资料所需时间较长，导致课堂时间略显紧张。

（3）改进。可提前下发学案，让学生提前了解相关资料，课堂上重点进行分析讨论，以提高课堂时间的利用率。

后　记

党的十八大明确指出“把立德树人作为教育的根本任务”，党的十九大又进一步强调“落实立德树人的根本任务，发展素质教育”，党的二十大进一步明确为党育人、为国育才，要贯彻一个方针，就是我国教育必须全面贯彻党的教育方针，落实立德树人根本任务，培养德智体美劳全面发展的社会主义建设者和接班人。基于以上要求，教育部颁布的《普通生物课程标准（2020年修订版）》将党的方针中关于学生德智体美劳全面发展的总体要求具体化，细化为学生发展的核心素养。学科核心素养是指学科教育赋予学生未来发展的关键能力与必备品格，其实质是学生在顺利完成学习理解、应用实践和迁移创新的学科认识活动以及解决问题的活动中，所形成的稳定的心理机制。生物学科的核心素养包括：生命观念、科学探究、科学思维、社会责任。如何通过教学活动将这些能力和素养培养在学生身上，是我们的使命。

2014年5月，在2012年逆向设计学习的基础上，学校成立了学习小组，进行了威斯克关于“为理解而教”的培训，并通过校本培训推进了围绕理解活动的单元教学设计。

2015年，我校生物组参加了教育部课程中心“深度学习”教学改进项目，在“为理解而教”单元教学设计的基础上，进一步结合我校学情进行了单元教学设计实践。

2020年，教育部基础教育课程教材发展中心、课程教材研究所启动了普通高中阶段指向核心素养的深度学习教学改进项目，引导教师从常态课入手进行教学系统改进，帮助教师打通知识到素养的通道，全面提升教师的课程育人能力。我校参加了海淀区指向核心素养的高中深度学习教学改进项目，通过项目实践过程中的教学案例研发、教学策略提炼，引导教师深入理解学生核心素养的内涵及表现，改变日常教学行为，使素养发展目标在课堂落地。初中教师则进行了北京市项目式教学尝试。

期间，在“深度学习，从认识学生开始”的主题论坛上，我校高中生物学科组多次在区级、市级活动中分享学科案例。其中，“细胞代谢”单元，以“假如你是一位农业学家，请你为北方的农民设计一个温室大棚，通过控制温室大棚的条件，产出高品质的葡萄，并解释其中的科学原理”为话题的单元教学设计主题汇报，被收录在郭华主编的《深度学习，走向核心素养》一书中。

初中组教师基于深度学习的单元教学设计与项目式学习的单元教学设计，《家庭芽苗菜种植》《擦手巾的选择使用小贴士》的设计案例在全国进行了展示……

从 2012 年逆向设计至今的实践过程中，多名教师的多篇研究成果在核心刊物《中学生物教学》《生物学通报》上发表。

为了使我们在深度学习指导下的单元教学设计实施过程中的思考与实践的优秀案例能够进一步推广，本书从“我们对深度学习的理解”“深度学习的校本化落实路径”“深度学习的校本化实践”“单元教学设计的整体案例”4 个方面，与广大的同行共勉。

本书编写情况如下表所示。

章节	知识点	编写人员
第一章　我们对深度学习的理解	一、深度学习的缘起和发展	申良纯
	二、深度学习的概念界定	申良纯
	三、深度学习的基本特征	申良纯
	四、深度学习的优势	马文柯
	五、深度学习与核心素养落实间的关系	姜婉冬
第二章　深度学习的校本化实施路径	一、以教研组为单位提升教师单元教学设计能力	宋茂卿
	二、“以开放实验室”校本课程建设推进学习方式变革	叶钟年
	三、从教、学、场三方面推进课堂“深度学习”文化的形成	宋茂卿

续表

章节	知识点	编写人员
第三章　深度学习的校本化实践	一、构建深度学习校本化实践模型	宋茂卿、胡彬
	二、单元学习主题或任务的确定	宋茂卿、胡彬
	三、素养导向的学习目标的制定	张宇
	四、挑战性的学习任务的制定	方红娟、李凤华
	五、持续性评价的实施	李洁、翟雪莲
第四章　单元教学设计的整体案例与实践	案例一、案例二	宋茂卿、方红娟、李洁、翟雪莲、李凤华、王梦婷

本书统稿和修订工作由宋茂卿、姜婉冬完成，王海芳老师也参与了前期书稿框架的讨论。宋茂卿编写的第三部分“深度学习的校本化实践”中第一部分内容“构建深度学习校本化实践模型”，与该书第四部分“单元教学设计的整体案例与实践”中的“高中案例《基因的表达》第一节与第二节的教学设计”，均为北京市“十四五”规划2024年度一般课题《指向高中生物科学思维进阶的有效问题评价模型的构建与研究》（课题立项编号：CDDB24417）的前期研究成果。

本书的成书在不同研究阶段得到了北京师范大学王健教授，北京市教研员乔文军老师、荆林海老师、北京市海淀区教师进修学校的王秀英、柳忠烈、田树青、李丽娟等老师的无私指导，以及学校领导的大力支持，在此一并表示感谢！

本书是该校教师在项目研究与实践的基础上对深度学习的初步思考，随着项目的进一步实践，本书还需要完善和改进，欢迎同行提出修改意见和建议。

北京市海淀区教师进修学校附属实验学校

生物学教研组组长　宋茂卿